REVISTA DA ASSOCIAÇÃO BRASILEIRA DE DASEINSANALYSE

EDIÇÃO Nº 19 / 2025

© Associação Brasileira de Daseinsanalyse, 2025
Todos os direitos desta edição reservados à Editora Labrador.

Coordenação editorial PAMELA J. OLIVEIRA
Assistência editorial LETICIA OLIVEIRA, VANESSA NAGAYOSHI
Direção de arte AMANDA CHAGAS
Projeto gráfico e capa MARCIA EVANGELISTA
Diagramação EMILY MACEDO SANTOS
Preparação de texto MARCIA MARIA MEN
Revisão MARIANA CARDOSO

Dados Internacionais de Catalogação na Publicação (CIP)
Jéssica de Oliveira Molinari - CRB-8/9852

ASSOCIAÇÃO BRASILEIRA DE DASEINSANALYSE

Daseinsanalyse / Associação Brasileira de Daseinsanalyse.
19. ed. - São Paulo : Labrador, 2025.
192 p.

ISBN 978-65-5625-786-0
Irregular ISSN 1517-445X

1. Psicologia I. Associação Brasileira de Daseinsanalyse

25-0218   CDD 150.195

Índice para catálogo sistemático:
1. Psicologia

Labrador

Diretor-geral DANIEL PINSKY
Rua Dr. José Elias, 520, sala 1
Alto da Lapa | 05083-030 | São Paulo | SP
contato@editoralabrador.com.br | (11) 3641-7446
editoralabrador.com.br

A reprodução de qualquer parte desta obra é ilegal e configura
uma apropriação indevida dos direitos intelectuais e patrimoniais
dos autores. A editora não é responsável pelo conteúdo deste livro.
Os autores conhecem os fatos narrados, pelos quais são responsáveis,
assim como se responsabilizam pelos juízos emitidos.

ASSOCIAÇÃO BRASILEIRA DE DASEINSANALYSE

FILIADA À INTERNATIONAL FEDERATION OF DASEINSANALYSIS - ZURICH - SWITZERLAND

ORGANIZADORA Marina Genova
ENDEREÇO Rua Cristiano Viana, 401, Conj. 401, CEP: 05411-000
TELEFONE/WHATSAPP +55 11 97429-3731
SITE www.daseinsanalyse.org.br
E-MAIL abd@daseinsanalyse.org.br

SUMÁRIO

Editorial
Marina Genova   **7**

**Meu caminho na Daseinsanalyse e reflexões
sobre a prática clínica**
David Cytrynowicz   **13**

A Daseinsanalyse diante do Campo Histórico-Historicidade
Maria Beatriz Cytrynowicz   **59**

Crise e crítica: ciência e Daseinsanalyse
Maria de Fátima de Almeida Prado   **79**

**A possibilidade de ressignificação do mundo
a partir da contação de histórias e do brincar
para crianças: uma aproximação daseinsanalítica**
Tania Terpins   **97**

**Relato de caso: um atendimento clínico
daseinsanalítico no hospital**
Andreia Mutarelli   **123**

Daseinsanalyse e câncer: a história de Duda
Fernanda Rizzo di Lione   **149**

O suicídio: reflexões fenomenológicas existenciais
Marcos Oreste Colpo   **169**

EDITORIAL

No ano de 2024, a Associação Brasileira de Daseinsanalyse (ABD) celebrou 50 anos de existência, mantendo a mesma missão que a guiou desde a sua fundação: promover e divulgar a Daseinsanalyse como uma abordagem terapêutico-fenomenológica focada na singularidade de cada paciente. Ao longo de cinco décadas, a ABD tem sido um espaço de reflexão, de prática clínica e de formação de daseinsanalistas, orientando-se pelos ensinamentos de Martin Heidegger, Medard Boss e Solon Spanoudis. Esse meio século de existência da ABD é um testemunho da relevância contínua da Daseinsanalyse.

Esta edição se inicia com o artigo "Meu caminho na Daseinsanalyse e reflexões sobre a prática clínica", de David Cytrynowicz, um dos fundadores da ABD. O autor nos apresenta um relato pessoal sobre a sua trajetória na Daseinsanalyse e a sua rica experiência de prática clínica. Ele destaca o encontro entre Boss e Solon e como este desempenhou um papel fundamental na introdução e disseminação da Daseinsanalyse no Brasil. Esse encontro foi o ponto de partida para a criação da ABD, inicialmente chamada de Associação Brasileira de Análise e Terapia Existencial Daseinsanalyse (ABATED).

O autor se aprofunda em reflexões sobre a prática clínica, especialmente em como a Daseinsanalyse, com seu enfoque na singularidade e historicidade do Dasein, oferece um caminho de compreensão profunda das questões existenciais que cada paciente traz. Nesse sentido, ele esclarece que o método daseinsanalítico busca acessar as possibilidades existenciais de cada paciente, sempre levando em consideração seu contexto histórico e existencial.

O texto seguinte, "A Daseinsanalyse diante do Campo Histórico-Historicidade", de Maria Beatriz Cytrynowicz, sublinha a importância da historicidade na prática clínica daseinsanalítica.

Na obra fundamental da Daseinsanalyse, *Ser e tempo*, de Heidegger, encontramos uma de suas fundações conceituais mais importantes, a historicidade. Para Heidegger, Dasein não está isolado do tempo ou da história, mas é fundamentalmente um ser histórico. Ele afirma que "o Dasein existe como um ser lançado no tempo" (*Ser e tempo*, §72), o que significa que nossa existência está não somente enraizada no passado, mas projetada para o futuro. Através desses conceitos, Heidegger mostra que o Dasein carrega consigo as tradições e o legado do passado, que influenciam suas escolhas e possibilidades no presente e no porvir. A historicidade, assim, é uma forma de o Dasein compreender-se e situar-se em sua própria temporalidade, relacionando o que já foi com aquilo que ainda poderá ser.

Constando da primeira edição da revista *Daseinsanalyse* após um longo hiato, especialmente em razão da epidemia causada pelo vírus da covid-19, período que gerou muitos questionamentos acerca da existência e da finitude humana, o texto "Crise e crítica: ciência e Daseinsanalyse", de Maria de Fátima de Almeida Prado, apresenta uma reflexão de importante atualidade. Nele, a autora analisa os conceitos de crise e crítica no contexto da pandemia de covid-19, conectando-os à Daseinsanalyse e ao pensamento de Martin Heidegger. Ela explora a origem etimológica desses termos separar, decidir ou julgar, e amplia sua compreensão ao refletir sobre suas implicações deles no cenário atual.

A partir das ideias de Heidegger, Maria de Fátima discute como a crise não deve ser vista apenas como um momento de dificuldade, mas como uma oportunidade para reavaliar a forma como a ciência e a sociedade lidam com o ser humano em tempos de adversidade. Em meio à crise global, é crucial voltar-se para uma ciência que investiga o homem não apenas como objeto, mas em sua existência singular e finita. Os *Seminários de Zollikon*, de Heidegger e Boss, são citados como contribuições significativas para essa reflexão, ao abordar a interação entre ciência, existência e saúde, ajudando a redefinir o que significa viver de maneira mais saudável e plena em tempos de crise.

Em seguida, encontram-se duas reflexões sobre o olhar daseinsanalítico na infância. A primeira, "A possibilidade da ressignificação de mundo a partir da contação de histórias e do brincar para crianças: uma aproximação daseinsanalítica", de Tania Terpins, explora como o ato de contar histórias e o brincar podem oferecer às crianças uma forma de ressignificar o mundo, a partir de uma perspectiva daseinsanalítica. A autora destaca que as atividades criativas, como o brincar e a contação de histórias permitem às crianças lidar com as mudanças e os desafios do mundo ao seu redor, além de possibilitar o desenvolvimento emocional e cognitivo, abrindo espaço para que a criança possa reinterpretar suas experiências e compreender seu entorno de forma mais ampla. A Daseinsanalyse, assim, também é aplicada no contexto infantil, onde o brincar é visto como um meio de expressão fundamental. Por meio dessa prática, as crianças podem explorar novas formas de estar no mundo, aliviando ansiedades e desenvolvendo uma compreensão mais profunda de suas experiências. Terpins sugere que o entendimento daseinsanalítico não se limita apenas ao contexto escolar ou clínico, mas pode ser ampliado para outros espaços de interação entre adultos e crianças, sempre com o objetivo de promover o cuidado e o vínculo através de processos criativos e lúdicos.

No texto seguinte, "Relato de caso: um atendimento clínico daseinsanalítico no hospital", Andreia Mutarelli oferece uma descrição detalhada do acompanhamento psicológico de uma criança de cinco anos, durante sua última internação hospitalar, em fase terminal de uma doença grave.

Mutarelli mostra como a abordagem existencial-fenomenológica da Daseinsanalyse, com sua ênfase no ser-no-mundo e no entendimento do Dasein em sua totalidade, é aplicada em um ambiente hospitalar, um espaço tradicionalmente mais focado no tratamento biomédico, ou seja, na doença. Integrada ao acompanhamento clínico, oferece uma visão mais ampla da paciente, voltando-se para o ser da criança, reconhecendo suas necessidades emocionais, existenciais e também as de seus familiares, promovendo uma relação terapêutica que permite à criança expressar seus sentimentos, vivenciar sua condição de forma mais plena e encontrar significado mesmo em uma situação tão extrema. A abordagem daseinsanalítica, com sua compreensão da finitude, da morte como parte integrante da existência, proporciona uma forma de lidar com a situação de fim de vida da criança, buscando acolher angústias e sofrimentos, tanto da paciente quanto de seus familiares. Em vez de evitar ou negar a morte, o atendimento buscou ajudar a criança e sua família a encontrarem maneiras de vivenciar esse momento de forma significativa.

Na sequência, o texto "Daseinsanalyse e câncer: a história de Duda", de Fernanda Rizzo di Lione, narra a trajetória de uma paciente que enfrentou o diagnóstico de câncer.

No olhar da Daseinsanalyse, a corporeidade não é vista apenas como um corpo físico separado da existência, mas como uma parte essencial do ser-no-mundo, uma dimensão fundamental da experiência humana que influencia a forma como a pessoa se relaciona com sua própria existência e com o mundo ao seu redor. É no corpo que vivenciamos concretamente nossa finitude e nossas conexões com o mundo. Heidegger ressalta que "Dasein não apenas está no mundo de modo neutro; ele é essencialmente ser-com-outros, e este ser-com ocorre através de sua corporeidade" (*Ser e tempo*, §23).

No caso narrado de Duda, vemos como o câncer afetou diretamente a sua experiência corporal, revelando as limitações e a fragilidade do corpo. No entanto, em vez de reduzir a experiência ao corpo biológico doente, a Daseinsanalyse reconhecia na corporeidade de Duda também suas emoções, sua história pessoal e suas possibilidades futuras. A vivência da doença trazia à tona a finitude e a vulnerabilidade do seu próprio corpo, permitindo que Duda confrontasse a sua própria existência de maneira profunda. O acompanhamento através da abordagem daseinsanalítica possibilitava que a paciente se reconectasse com sua própria corporeidade de maneira autêntica, reconhecendo o papel central do corpo em sua vida, mas sem ser ela totalmente restringida pela doença. O corpo não é algo que "temos", mas algo que "somos", como ressalta Heidegger nos *Seminários de Zollikon*. Assim, ele aponta em *Ser e tempo*, que o corpo é o meio através do qual nos relacionamos com o mundo e enfrentamos nossa finitude, e é nele que se revela, de forma concreta, o nosso ser-para-a-morte.

Esta edição da revista *Daseinsanalyse* é concluída com o texto "O Suicídio: reflexões fenomenológicas existenciais", de Marcos Orestes Colpo. Inspirado na hermenêutica heideggeriana, o autor se debruça sobre a questão do sentido do suicídio a partir da perspectiva fenomenológica, citando, como referência fundamental, o artigo "Existência: lugar de sentido ou experiência do absurdo? – o suicídio" (1992), da Profa. Dra. Maria Fernanda Seixas Farinha Beirão, importante fenomenóloga, professora da Faculdade de Psicologia da Pontifícia Universidade de São Paulo (PUC-SP). Neste trabalho, Beirão examina o suicídio, discutindo o sentido da vida e o absurdo. Colpo baseia sua análise em contribuições filosóficas, psicológicas e literárias, a partir da perspectiva fenomenológica, buscando entender como o suicídio se manifesta na experiência vivida e nas complexas questões existenciais que o cercam, como a angústia, o desespero e a falta de sentido. Colpo examina as críticas presentes no artigo de Beirão quanto ao suicídio filosófico e ao suicídio religioso, referidos na obra *O mito de Sísifo*, de Albert Camus, sugerindo que ambos seriam maneiras de o Dasein evitar o enfrentamento do desamparo existencial e da finitude.

Esperamos que os valiosos artigos apresentados possam provocar reflexões e questionamentos frutíferos.

Boa leitura!

Marina Genova[1]
Novembro de 2024.

---

1   Psicóloga pela Pontifícia Universidade Católica de São Paulo (PUC-SP), daseinsanalista, membro da Associação Brasileira de Daseinsanalyse (ABD).

MEU CAMINHO NA DASEINSANALYSE E REFLEXÕES SOBRE A PRÁTICA CLÍNICA[1]

David Cytrynowicz[2]

MY PATH IN DASEINSANALYSIS AND REFLECTIONS ON CLINICAL PRACTICE

---

1   Apresentação feita para o grupo de formação de daseinsanalistas da Sociedade Grega de Daseinsanalyse (Hellenic Society of Daseinsanalysis), em maio de 2023, e, posteriormente, em junho do mesmo ano, para o curso de Daseinsanalyse e Psicoterapia da Associação Brasileira de Daseinsanalyse (ABD).
2   Psicólogo pela Pontifícia Universidade Católica de São Paulo (PUC-SP), daseinsanalista, membro fundador da Associação Brasileira de Daseinsanalyse (ABD).

RESUMO

Este artigo apresenta uma breve história do encontro de Medard Boss e Solon Spanoudis e da formação da Associação Brasileira de Daseinsanalyse (ABD), inicialmente denominada Associação Brasileira de Análise e Terapia Existencial – Daseinsanalyse (ABATED). Em seguida, desenvolve uma reflexão pessoal sobre aspectos importantes para o entendimento e para a prática da Daseinsanalyse.

Palavras-chave: Daseinsanalyse. Fenomenologia. Psicoterapia. Martin Heidegger. Medard Boss. Solon Spanoudis.

ABSTRACT

The author briefly presents the meeting between Medard Boss and Solon Spanoudis and the creation of the ABD – Associação Brasileira de Daseinsanalyse, initially named as ABATED – Associação Brasileira de Análise e Terapia Existencial – Daseinsanalyse, which he was part of, followed by a personal reflection on important aspects for the understanding and practice of Daseinsanalysis.

Keywords: Daseinsanalysis. Phenomenology. Psychotherapy. Martin Heidegger. Medard Boss. Solon Spanoudis.

Apresento aqui aspectos da minha trajetória que me trouxeram à Daseinsanalyse, bem como alguns tópicos que considero fundamentais para a prática daseinsanalítica.

Inicio dizendo que sou um terapeuta daseinsanalista, não um acadêmico dedicado ao estudo dos pormenores das teorias filosóficas e psicológicas. Portanto, não é na comparação entre as identidades e diferenças relativas à *Daseinsanalitik* e à *Daseinsanalysis* que focarei, portanto, minha apresentação. Claro está, como nem poderia deixar de ser, que a reflexão teórica é parte integrante dos meus interesses e fundamental para minha atuação, mas o principal foco do meu trabalho é direcionado, nestes quase cinquenta anos, para a atividade terapêutica como daseinsanalista e como supervisor de vários terapeutas que se inclinam a trabalhar a partir da nossa abordagem, ligados ou não ao programa institucional de formação da Associação Brasileira de Daseinsanalyse (ABD). É a partir desse horizonte que fiz as escolhas que trago aqui.

I

Em primeiro lugar quero dizer que, além da inquestionável importância, para mim, de Martin Heidegger e de Medard Boss no meu trabalho de daseinsanalista, quero também apresentar Solon Spanoudis, o responsável pela introdução da Daseinsanalyse no Brasil.

Iniciei os meus estudos de modo sistemático a partir de *Ser e tempo* e confesso que essa obra de Heidegger continua a ser a minha maior referência para o entendimento e a fundamentação do meu trabalho como terapeuta. Outras de suas obras têm enorme relevância, mas somente se apresentam na sua amplitude a partir de *Ser e tempo*, que acho fundamental para a Daseinsanalyse.

Lembro-me que, para Boss, a entrada para o estudo de Heidegger não deveria ser *Ser e tempo*. Ele achava a leitura de *Ser e tempo* muito difícil para os iniciantes e sugeria que começassem por outras obras, como, por exemplo, *Was heisst Denken* [*O que significa pensar*]. Em *Seminários de Zollikon*, Boss menciona, ainda, outras obras que considerava mais adequadas para introduzir o pensamento heideggeriano.

Esta introdução é somente para esclarecer que a entrada no pensamento heideggeriano pode se dar de várias maneiras, exatamente por ele não ser linear, e que o fundamental é podermos dar o "salto do pensamento", como Boss sempre enfatizava.

Para o nosso grupo da ABD, *Ser e tempo* é obra mandatória e introdutória na nossa formação de terapeutas daseinsanalistas, sempre tendo, na primeira leitura, o acompanhamento sistemático de algum professor.

Solon Spanoudis foi o criador da ABD, não só formalmente, mas dando vida a esta nossa Associação com o seu espírito inquieto, sábio e afetivo. Sua prematura morte se deu em 1981, aos 59 anos. Alguns dos atuais membros da nossa Associação o conheceram pessoalmente, mas poucos tiveram, como eu, o privilégio de um longo, próximo e fecundo convívio com ele. Foi Solon quem nos trouxe a orientação adequada para o entendimento do pensar original e não óbvio de Heidegger e Boss.

Solon era grego, nascido em Smyrna, no ano de 1922. Filho de médico, estudou medicina em Viena, para onde foi antes da Segunda Guerra Mundial, levado pelo irmão mais velho, Theon Spanoudis, que lá também estudara medicina. Solon veio para o Brasil em 1950, outra vez trazido pelo irmão Theo, que havia sido convidado pela Sociedade Brasileira de Psicanálise como analista didata dos primeiros psicanalistas brasileiros. Apesar de ter feito a própria análise com um renomado psicanalista em Viena, seus interesses no estudo da Fenomenologia Existencial eram crescentes.

Foi no livro *Existência* (1958), coletânea de diversos autores, organizado por Rollo May, que ele encontrou uma referência a Boss. Em 1971, escreveu a sua primeira carta para Boss, buscando uma interlocução que seu espírito visionário sempre ansiou.

Uma feliz coincidência facilitou o convívio dos terapeutas da ABD com Boss. O seu filho Urs e a sua filha Maya moravam no Brasil. Foi assim que, em 1973, quando Boss veio visitar os filhos, Solon o encontrou pela primeira vez em São Paulo.

No ano seguinte, aconteceu um novo encontro com Boss. Solon, nessa ocasião, foi acompanhado por alguns integrantes do pequeno grupo de estudos que ele havia formado e do qual eu fazia parte. Das gravações transcritas desse encontro, surgiu o que veio a ser a primeira publicação da ABD, o número 1 da revista *Daseinsanalyse*, com o título *Encontro com Boss*. Esse encontro foi, também, o início da nossa associação.

Tivemos ainda vigorosos e ricos encontros com Boss em finais de semana, em Guarujá, cidade no litoral de São Paulo, entre 1975 e 1978. Podíamos ouvi-lo apresentar e desenvolver importantes questões para a prática daseinsanalítica e, na sequência, tínhamos a oportunidade de uma aproximação mais pessoal, em conversas informais, durante o almoço ou o jantar.

Após o nosso pequeno grupo pioneiro, formado, principalmente, por psicólogos pacientes e/ou supervisionandos, Solon formou outros grupos de estudo semanais que aconteceram continuamente, durante oito anos, até 1981. Pessoas interessadas no pensamento heideggeriano podiam participar e também podiam sair no momento em que não estivessem mais interessados. Vários dos atuais membros da ABD participaram desses grupos.

Essa liberdade e essa disponibilidade ilustram bem o que Solon pensava quanto ao desenvolvimento da Daseinsanalyse e marcaram todos nós que seguimos seus passos. Penso que essa atitude foi um marco no estudo da fenomenologia que aproximava a clínica psicológica, a clínica médica e a própria Daseinsanalyse, em São Paulo, dos pensamentos de Heidegger e Boss. Esse modo inicial, que não se deu em estrutura acadêmica, está na origem a partir da qual entendemos, na ABD, que o interesse pelo pensamento daseinsanalítico se sustenta, prioritariamente, na busca pessoal, no sentido do que cada um de nós vê nessa busca ou no quanto nos nutrimos dela.

Além de a ABD ter sido o marco inicial da Daseinsanalyse no Brasil, foi a partir da experiência com Solon que aprendemos e continuamos, até hoje, com o entendimento de que a formação de daseinsanalistas se dá, essencialmente, no modelo "mestre-aprendiz", como antigamente os ofícios eram passados de geração em geração. De modo muito diferente, a partir de certa época, como hoje, o aprendizado é, na maioria das vezes, pautado pelo fazer técnico, no qual a absoluta relevância de conteúdos e de procedimentos é o que, prioritariamente, faz parte da formação das chamadas técnicas psicoterápicas, não importando *quem* ensina e nem *quem* aprende.

II

Gostaria, agora, de entrar na reflexão central desta apresentação: pensar a Daseinsanalyse a partir de algumas questões específicas e de importantes contribuições para o fazer terapêutico daseinsanalítico.

1. QUE ENTENDIMENTO SE TEM, EM GERAL, DO FAZER DO TERAPEUTA?

Daseinsanalyse é uma abordagem de atendimento que se encontra no âmbito das psicoterapias em geral. Quando digo no âmbito das psicoterapias em geral, não estou me referindo aos fundamentos da Daseinsanalyse, nem presumindo que ela seria um caso particular do conjunto maior das chamadas psicoterapias. Estou querendo dizer que, salvo situações de estudantes de psicologia ou de colegas de profissão que buscam terapia em determinada linha ou orientação, as pessoas que nos procuram têm pouca ou nenhuma clareza sobre os fundamentos de qualquer abordagem. As pessoas nos procuram, em geral, por estarem vivendo algum nível ou grau de sofrimento e não estarem conseguindo resolver suas questões. Para elas, todos os terapeutas ou psicoterapeutas, inclusive nós, daseinsanalistas, não se diferenciam a princípio.

Para melhor esclarecer, pelo menos provisoriamente, trago agora o entendimento do que é o trabalho da psicoterapia a partir da expectativa daqueles que nos procuram. No nosso cotidiano, buscamos ajuda para uma infinidade de tarefas. Quando levamos, por exemplo, o automóvel ao mecânico para algum tipo de conserto, procuramos o profissional mecânico para a transformação desejada: o reestabelecimento das condições de operabilidade e de funcionamento do automóvel. Contratamos os serviços do mecânico porque *nós não sabemos* consertar o nosso automóvel. Esse modelo funciona, analogamente, em um imenso número de atividades de conserto do nosso cotidiano: utensílios domésticos de toda ordem, computadores e eletrônicos em geral, enfim, tudo aquilo que pode ser reparado. Em último caso, o que não tiver conserto será descartado e substituído. Existem outras situações, também no âmbito da prestação de serviços em geral, em que esperamos que alguém faça o que nós até poderíamos fazer, mas, por qualquer razão, *não queremos fazer*.

Parece-me claro que várias dessas razões estariam ligadas ao nosso conforto, mas outras razões estariam ligadas ao uso do tempo. Espero que outra pessoa faça algo por mim e me libere para que eu cuide do meu tempo com outros projetos que me pareçam mais importantes ou mais significativos. Assim, contrato alguém para multiplicar meu tempo, tempo dedicado ao cuidado do que me pareça mais relevante. Exemplos seriam inúmeros, como contratar alguém que faça uma faxina em casa, alguém que possa pintar uma parede, ou todos os serviços de delivery que tanto se ampliaram na pandemia de covid-19, ou os serviços de táxi ou de Uber, em que contrato alguém que me conduza para um destino sem que eu tenha que me ocupar com essa tarefa.

Eu trouxe aqui tais situações para ilustrar o que geralmente esperamos na contratação de um profissional para qualquer tarefa. Ou contratamos alguém porque *não sabemos fazer aquilo*, ou porque *não queremos fazer aquilo*, ainda que saibamos como fazer.

Retomando a questão da terapia, podemos, sem dúvida, dizer que ela também é um fazer que tem como objetivo uma solução ou uma transformação.

2. QUEM NOS PROCURA COMO TERAPEUTAS E PARA O QUE NOS PROCURA?

Qual seria o modelo que as pessoas que nos procuram geralmente têm como entendimento do nosso fazer? Quais seriam as suas expectativas quanto ao nosso fazer para trazer uma solução para os seus problemas? Creio que o entendimento, em geral, estaria mais próximo do modelo do mecânico, e a procura estaria mais no modelo de um *fazer porque não sei* do que no modelo do *fazer por mim porque não quero*.

De fato, várias pessoas quando nos procuram, principalmente na sua primeira experiência em qualquer psicoterapia, relatam que resistiram a buscar ajuda mesmo sofrendo bastante, pois não queriam depender do outro. *Queriam ser capazes de resolver por si seus problemas.* Na busca e na decisão de procurar ajuda e de iniciar um trabalho psicoterapêutico, elas já se encontram peculiarmente afinadas. Aqui, falo no sentido heideggeriano do *encontrar-se* e da *afinação* (*State of mind/Befindlichkeit* e *Attunement/Gestimmheit*).

Tais pessoas já se encontravam previamente afinadas, das mais variadas maneiras. Por exemplo, passivas expectantes, sentindo-se aliviadas por poderem delegar seus problemas a um terceiro, ou sentindo-se incapazes e derrotadas ou, ainda, sentindo-se subjugadas. Exemplifico os dois últimos casos com uma fala hipotética, mas muito representativa do que, por vezes, ouço em uma primeira entrevista: "Na verdade não queria vir, só estou vindo porque não posso resolver por mim". Muitas vezes, adicionalmente, vem a indagação a respeito do tempo, da duração da terapia. Eu acrescentaria, nesse exemplo hipotético, uma fala implícita do paciente: "Eu deveria poder resolver meus problemas sozinho, mas como estou me submetendo a você, aceito esta submissão por tempo muito limitado e, portanto, quero resolver isso o mais rápido possível". Muitos outros motivos podem ser considerados, porque muitas outras questões podem, efetivamente, estar envolvidas e, então, a afinação poderia não ser a mesma. É curioso, no entanto, que essas pessoas não tenham a sensação de derrota quando buscam ajuda médica. Aliás, do que mais elas gostariam seria a confirmação de que o seu problema é físico, e não psicológico.

O entendimento dessa diferença entre sentir-se relativamente confortável em se entregar aos cuidados médicos e a sensação de derrota ao buscar ajuda psicoterapêutica já é uma importante questão a ser esclarecida na própria terapia. No mais das vezes, tais pessoas já passaram por vários especialistas da área médica e adorariam resolver a sua queixa com alguma medicação. No entanto esse anseio não é normalmente extensivo à psiquiatria. Pensar na questão da ajuda psiquiátrica merece uma reflexão à parte, em outra ocasião.

Quero esclarecer um pouco mais o entendimento que as pessoas que nos procuram têm da terapia, seja só inicialmente ou quando se mantêm nesse entendimento por longo tempo, enquanto não conseguem se responsabilizar por suas vidas.

Existe um agravante que favorece tal entendimento, que é o fazer médico. O fazer médico, geralmente, enquadra-se no entendimento mecânico ou funcional de conserto. Quando vou a um ortopedista, por exemplo, porque caí e sinto uma dor no braço, o médico faz seu diagnóstico, isto é, identifica o que está quebrado ou fora do lugar a partir de determinados sinais ou sintomas que identifica, tais como dor, inchaço, vermelhidão. Com recursos adicionais de imagem, raio X ou tomografia computadorizada, ele sabe como consertar o meu braço. Ele conserta meu braço por mim. Em outras especialidades, o modelo é o mesmo. Tendo como parâmetro a saúde de modo geral e ideal, a doença é o que deve ser eliminado para o organismo readquirir sua integridade, sua inteireza ou seu bom e eficiente funcionamento.

No campo da psiquiatria, em geral, o modelo é análogo. As chamadas doenças mentais, desde os distúrbios mais leves até os mais graves, são nomeadas e reconhecidas por uma série de sintomas. Aqui já entramos em uma área mais nebulosa, em que os diagnósticos se referem a síndromes e a transtornos.

Esse modo de entender do fazer médico aparece, então, como um agravante que favorece o entendimento imediato do fazer psicoterapêutico no modelo funcional. Há uma transposição do modelo da terapia ou terapêutica do fazer médico em geral para quando se fala em terapia ou em psicoterapia. Mas o que há de comum entre todo fazer que busca conserto é o seu modelo subjacente, e é isso que nós, daseinsanalistas, queremos e necessitamos diferenciar em nosso entendimento e, consequentemente, em nosso fazer.

Quando o mecânico conserta o motor de um carro, ele conhece claramente o sistema que o compõe, a série de peças e os vários mecanismos envolvidos em seu efetivo funcionamento. Ele identifica a peça avariada ou o mecanismo inoperante e, ao consertá-los ou substituí-los, o sistema volta a funcionar. Isso pressupõe que o sistema fechado e conhecido não pode ser diferente daquilo para o que foi planejado e que a atuação do mecânico é orientada pela visão de causa e efeito. Esse modelo subjacente que pressupõe um sistema fechado e já conhecido é, também, o modelo do tratamento médico orientado pela visão de causalidade.

Entendendo-se a terapia a partir desse modelo, estaríamos tomando o homem como um sistema fechado e o que buscaríamos seriam as causas ou as razões de determinados comportamentos ou atitudes erradas ou, ainda, de sentimentos inconvenientes e sensações indesejadas. Assim, estaríamos pressupondo que, se alterássemos as causas, os efeitos também se alterariam.

Parece-me clara a semelhança de ambas as condutas. Ambas partem de um modelo, de um conhecimento prévio do que deve ser e, consequentemente, da necessidade de modificação do que não está de acordo com tal modelo. Mas podemos, como daseinsanalistas, compreender quem nos procura como um sistema fechado, mesmo quando essa é a compreensão que quem nos procura tem de si? Pergunto novamente: o que ele esperaria do nosso fazer? Quem é aquele que nos procura e o que espera dessa procura?

Como dissemos, o paciente nos procura esperando por uma mudança que ele, até então, não tem conseguido alcançar por si mesmo, ou por todas as outras formas de ajuda que possa ter buscado antes. É importante ressaltar que, nessa procura, o que quase sempre está em jogo é a própria potência daquele que nos procura, entendida como a fáctica expectativa assentada no seu fundamental poder-ser.

A questão referente à potência de quem nos procura geralmente é apresentada de modo não direto, não afirmativo. No mais das vezes, ela se apresenta como incapacidade ou impotência. Por exemplo: não consigo manter meus relacionamentos afetivos; não consigo deixar minha/meu companheira/o apesar de nossa relação ser só brigas e agressões; não consigo dormir; não consigo parar de comer em demasia e manter uma constância de atividade física.

Muitas vezes, a impotência se mostra diretamente nos estados de humor: vivo ansioso, vivo angustiado, vivo com medo, vivo deprimido, vivo insatisfeito apesar de ter tudo (riqueza, família, saúde etc.). Ela também pode aparecer a partir de uma visão de si da qual a pessoa não gosta, mas não consegue se livrar ou superar: sou muito dócil, muitas vezes me sinto um banana; sou muito explosivo, me sinto um fio desencapado; sou muito fácil e me entrego amorosamente em situações perigosas.

A impotência e a incapacidade que os pacientes têm de aceitar seus limites – em termos heideggerianos, sua *facticidade* – vão se mostrando em cada situação, no decorrer dos nossos encontros terapêuticos. Quero deixar claro que não introduzo, jamais, a nomenclatura da ontologia heideggeriana. Uso sempre uma linguagem cotidiana ou, às vezes, algum termo que já é parte do jargão de quem tem vários anos de terapia, inclusive com profissionais de outras abordagens.

À medida que a dificuldade de lidar com as limitações se explicita em algum momento, eu chamo atenção para a expectativa de poder tudo ou de poder mais naquele momento, referindo-me a ela como onipotência. Mais de uma vez, ouvi como resposta: "Mas como onipotência, se eu sou tão impotente?" Eu respondi: "Você não é tão impotente. Você se sente assim, pois, diante da expectativa de poder tudo, tudo o que você pode vira nada, só impotência".

Assim, o entendimento e a aceitação da própria facticidade podem, gradualmente, se dar, ou não.

3. O QUE PODEMOS PROMETER E FAZER COMO DASEINSANALISTAS?

Muitas vezes, somos procurados por pessoas que, já na primeira entrevista, ao nos apresentarem uma série de insatisfações, com maior ou menor grau de sofrimento expresso, fazem-nos a seguinte pergunta: "Você pode me ajudar?".[3] É importante lembrar que, por vezes, a pergunta "você pode me ajudar?" não é colocada explicitamente nos primeiros encontros que precedem o processo terapêutico propriamente dito.

Claro está que não podemos responder diretamente de modo afirmativo. Também não podemos não responder algo, ou só responder com falas evasivas que não nos comprometam. Orientados a partir da fenomenologia hermenêutica, entendemos que a *pergunta feita a partir de um horizonte de entendimento tem como premissa receber uma resposta dentro da mesma estrutura de entendimento.*

O que se pergunta, na maioria das vezes, de modo implícito, seria: você pode resolver esses problemas ou me ajudar a resolvê-los dentro da estrutura de entendimento em que minhas proposições foram apresentadas? Responder essa questão antes do início do processo é fundamental. Será sempre uma resposta primeira, provisória e, ao longo dos encontros, ela será muitas vezes refeita e recolocada ao escrutínio do paciente, no sentido de seguir ou encerrar o atendimento.

Nossa resposta deve ser a mais verdadeira possível e, ao mesmo tempo, como disse, não ser evasiva ou defensiva, dizendo, por exemplo: não podemos garantir coisa nenhuma, uma vez que o nosso

---

3   Quero fazer a ressalva de que é possível que existam diferentes maneiras de como as demandas podem aparecer, dependendo das diferenças culturais.

fazer não é técnico. Na maneira como respondemos tal demanda, já está presente o nosso fazer daseinsanalítico e o nosso entendimento da estrutura hermenêutica da condição humana.

Parece-me claro que a nossa resposta, para ser verdadeira e não evasiva ou defensiva, deve ser afirmativa. Devemos dizer *como entendemos a pergunta colocada, qual o horizonte de entendimento* a partir do qual nós olhamos e *o que buscaremos* na nossa jornada comum, se ela for possível. Entretanto, ao respondermos, não temos que entrar em falas filosóficas ou teóricas. Ao apontarmos para *uma busca e uma jornada comum*, já estamos indicando que acreditamos na possibilidade de transformação, com a qual estaremos comprometidos, ainda que não possamos garantir um desfecho como o apresentado na demanda inicial. Para que o paciente possa se decidir a aceitar ou não o início do processo terapêutico e a sua sequência, será fundamental que ele possa ouvir e ter um primeiro e provisório entendimento a partir de outro horizonte de compreensão.

O que acabo de dizer pode parecer muito vago e genérico. Como, então, podemos apresentar outro horizonte de compreensão?

Em situações concretas, podemos identificar algum impasse presente na narrativa da pessoa e apontá-lo como um dos pontos que impossibilita a sua mobilidade e que traz a vivência de enredamento ou aprisionamento. Por exemplo, querer agradar os pais e os amigos simultaneamente ou nas situações de indecisão quanto a tomar uma posição de maior arrojo ou maior cautela e segurança.

Poder identificar e apontar que os vários impasses ou as ambivalências de alguém que quer simultaneamente escolhas incompatíveis, e assim se manter no sentido de tudo poder, desconsiderando sua facticidade, estão, muitas vezes, na raiz de seu sofrimento. É à medida que, ao longo do tempo, essa condição possa ser aproximada e mais esclarecida, que a resposta à pergunta "você pode me ajudar?" poderá, também, ser mais bem compreendida. A resposta teria o sentido de "posso, sim, mas não dentro da estrutura de pensamento que as suas necessidades onipotentes lhe impõem no momento". No entanto eu jamais daria uma resposta como essa a um paciente, pois ela é somente a expressão do meu entendimento que, em voz alta, divido aqui com vocês e que nortearia o que eu poderia dizer em uma situação específica. A resposta concreta precisa sempre de uma pergunta, também concreta, que nos é colocada ao longo dos encontros.

Faz-se importante lembrar que é totalmente diferente falar de questões básicas nos primeiros encontros do que em momentos mais adiantados, em encontros posteriores. Nos primeiros, falar de questões básicas, no mais das vezes, é prematuro.

4. ALGUMAS QUESTÕES ESPECÍFICAS E IMPORTANTES CONTRIBUIÇÕES PARA O FAZER TERAPÊUTICO DASEINSANALÍTICO

Quero ressaltar algumas questões específicas que são, para mim, fundamentais em nosso fazer enquanto daseinsanalistas.

O entendimento do fazer que tem como modelo o "fazer por mim" tem como fundamento a impessoalidade e a generalidade do modelo das ciências naturais. O nosso entendimento, a partir da *Daseinsanalitik*, é de outra ordem; dele decorre que o nosso fazer, enquanto daseinsanalistas, também é de outra ordem.

Enquanto daseinsanalistas, como é, então, o nosso entendimento, a partir da ontologia heideggeriana? Qual é o caminho que nos norteia, que não o determinista de causa e efeito?

4.1 Quanto à questão do método

Heidegger, no parágrafo 7 de *Ser e tempo*, "O Método Fenomenológico de Investigação", apresenta o pensamento fenomenológico-hermenêutico como o método que nos aproxima das "coisas mesmas". Esse entendimento fundamental foi desdobrado em toda a obra.

Não cabe, aqui, entrar em todos os detalhes que este parágrafo comporta, mas o ponto que me parece decisivo para a Daseinsanalyse é o entendimento que temos, primeiramente, do que significa chegar "às coisas mesmas".

A expressão grega *phenomenon*, que significa "aquilo que se mostra em si, o manifesto", também se refere ao que pode se mostrar como algo que *não é*, que *parece ser (seeming/scheinen)*. A fenomenologia está, portanto, longe de ver o mundo de modo ingênuo, imediato, superficial e empirista. Heidegger assim expõe a necessidade da fenomenologia para encontrarmos "as coisas mesmas":

> "Atrás" dos fenômenos da fenomenologia, não há essencialmente mais nada; por outro lado, o que se torna fenômeno pode estar escondido. E justamente porque os fenômenos são proximamente e no mais das vezes não dados, que há necessidade da fenomenologia. Encobrimento é o contra-conceito de "fenômeno".[4]

---

4   Tradução pessoal do original: *"Behind the phenomena of phenomenology there is essentially nothing else; on the other hand, what is to become a phenomenon can be hidden. And just because the phenomena are proximally and for the most part not given, there is need for phenomenology. Covered-up-ness is the counter-concept to 'phenomenon'."* (BT, p. 60)

Consequentemente, a Daseinsanalyse é um método rigoroso fenomenológico.

4.2 Quanto à questão de "quem é que nos procura"

Não é um sujeito, uma subjetividade encapsulada que sai de si, atribuindo significados a entes encontrados, primeiramente, como objetos. *Ser e tempo* nos apresenta no parágrafo 9, "O tema da Analítica do Dasein", um entendimento totalmente diferente desse "quem que nos procura", entendido como Dasein.

Cito um trecho inicial de *ST*,[5] parágrafo 9:

> Nós somos os entes a serem analisados. O ser de tal ente é sempre e em cada caso meu. Este ente, em seu ser, se comporta relativamente a seu ser. Como ente deste ser é entregue a seu próprio ser. Ser é o que neste ente está sempre em jogo.[6]

A partir dessas primeiras afirmações, Heidegger apresenta duas consequências:[7] a essência do Dasein consiste em sua existência; o Ser que está sempre em jogo para tal ente, em seu próprio Ser, é em cada caso meu.

---

5   Daqui para a frente, optei por *ST* no lugar de *Ser e tempo*. No caso do texto em inglês, *BT*, para *Being and Time*.

6   Tradução pessoal do original: "*We are ourselves the entities to be analysed. The Being of any such entity is in each case mine. These entities, in their Being, comport themselves toward their Being. As entities which such Being, they are delivered over (überantworted) to their Being. Being is that which is an issue for every such entity.*" (*BT*, p. 67).

7   "*The essence of Dasein lies in its existence. That Being which is an issue for this entity in its very Being, is in each case mine (Jemeinigkeit)*".

O que decorre, a partir disso, no entendimento de Dasein? Dasein é sempre *abertura em aberto*. Isto significa dizer que Dasein, sendo abertura, é o lugar de aparecimento de tudo que lhe aparece, sendo ele mesmo em *aberto*, não acabado ou não definido *a priori*, constituindo-se e se conhecendo em suas potencialidades de ser ao longo de todo o seu existir. Este é o sentido ontológico de abertura.

No sentido ôntico, contextos vivenciais são expressos, muitas vezes, com a mesma palavra – como nos exemplos "ela é uma pessoa aberta" ou "ele não é um sujeito aberto, ele é fechado". No entanto tais expressões podem se referir tanto a alguém que é receptivo a novas ideias e pontos de vista quanto a alguém liberal na educação de seus filhos, ou a alguém que não tenha preconceitos – ou o oposto, que seja fechado, preconceituoso. Está claro que não é a isso que se refere a abertura fundamental de Dasein. Tanto abertura como fechamento, nos sentidos ônticos, são possibilitados pela abertura fundamental.

Também podemos dizer que Dasein, do ponto de vista ontológico, nunca pode ser tomado de modo objetivado, como um ente particular específico de um conjunto mais amplo que o conteria. "Ser em cada caso meu" /*Mineness* /(*jemeinigkeit*) expressa essa condição ontológica que Dasein é em cada caso (seu) si mesmo, endereçado pessoalmente, isto é, "*eu sou*", "*você é*". Esse *ter-que-ser si mesmo* é sempre sua questão, a questão de cada um.

Do ponto de vista ontológico, cada um de nós é responsável pelo próprio existir. Até uma criança muito pequena também é responsável por seu existir. Não estamos dizendo que ela seja capaz de se cuidar de modo autônomo; esse entendimento está no âmbito ôntico dos acontecimentos. O que estamos dizendo é que, também para ela, no âmbito ontológico, seu ser lhe diz respeito, é sua questão. A ela também sempre cabe ser si mesma em cada caso. Essa condição fundamental se manifesta no âmbito ôntico quando a criança responde e corresponde, em seus modos possíveis, ao que lhe vem ao encontro em seu próprio viver – por exemplo, debatendo-se em um choro aflito ou entregando-se ao sono tranquilo. Nós, adultos, mesmo quando onticamente alienados, não podemos nos livrar da nossa inalienável condição ontológica de sermos nós mesmos – ainda que queiramos delegar tal responsabilidade a terceiros, ou quando culpamos outros (por exemplo, pai, mãe, cônjuge, professores ou chefes) por termos chegado a tal ou qual lugar, ou porque a nossa vida se transformou nisso ou naquilo.

No mais das vezes, o movimento de nos inclinarmos na direção da alienação tem seu fundamento também na condição de Dasein de sentir esta sua tarefa de *ter-que-ser* como um fardo e, por isso, querer se livrar dela, buscando soluções impessoais já dadas e à disposição de todos. Desse modo, dizemos que Dasein tenta se abrigar nas certezas e nas garantias. Acredita que, se assim deu certo antes, com certeza dará certo no futuro. Esta é uma tentativa de controlar o futuro e se assegurar. Esse movimento de Dasein, em *Ser e tempo*, configura-se como *fuga de si mesmo* e *queda no mundo*.

Podemos, então, dizer que *Ser e tempo*, com seu rigor característico, irá nos colocar gradualmente em contato com esse entendimento de Dasein e seus fundamentos ontológicos, possibilitando-nos maior compreensão daqueles que nos procuram como terapeuta. *Ser e tempo* nos dá, de modo crescente, o entendimento do método fenomenológico hermenêutico. É a partir desse método que podemos entender, de modo mais claro e penetrante, com quem nos relacionamos em cada caso, o mundo daqueles que nos procuram, quais são os significados daquilo que nos trazem e qual é o sentido que determinadas falas têm a partir da totalidade que cada um é.

É desnecessário dizer, mas o faço por ênfase, que tal entendimento não é obvio, não tem caráter de certeza ou de verdade. Ele é uma construção conjunta que se dá na relação e que sempre se mostra a partir dela, sempre em caráter provisório, mutante; o que se mostra sempre traz consigo, também, o que se esconde.

Podemos dizer, então, que o nosso foco nos encontros terapêuticos é um esclarecimento cada vez mais amplo e nítido da totalidade de envolvimentos e do contexto dos relacionamentos daquele que nos procura. Falando de modo mais preciso, do *Ser-no-mundo* da pessoa que nos procura.

4.3 O termo *Ser-no-mundo* a partir da leitura de *Ser e tempo*

Para vocês, sem dúvida, este entendimento deve ser bastante familiar – de modo geral, até para aqueles que não têm maior familiaridade com a ontologia heideggeriana, *Ser-no-mundo* é uma expressão bastante conhecida, difundida, usada, mas muito pouco entendida, pelo menos na amplitude de sentido que alcança na fenomenologia de Martin Heidegger.

A compreensão mais comum de *Ser-no-mundo* decorre de uma substituição pura e simples de indivíduo-no-ambiente. Nesse caso, o indivíduo é considerado como um sujeito isolado e preexistente, e o ambiente é tomado como um espaço já preenchido por coisas materiais e por seres vivos; às vezes por coisas não materiais, como redes de inter-relações, também preexistentes e objetivadas.

O entendimento da relação indivíduo-no-ambiente seria, então, análogo ao que se tem da relação "o livro está na pasta": na relação entre os dois, o em (na) indicaria uma inserção; *estar dentro* como oposto a *estar fora*. Mas, quando alguém diz "estou fora do mundo", já está se referindo a uma maneira de como se encontra no seu mundo. Teria algum sentido falarmos "fora" do mundo se este dizer não se desse a partir de um mundo? Para Martin Heidegger, *em* tem um sentido de familiaridade: *estar junto à*; *maneira de relacionar-se*.

Além desse aspecto, podemos acrescentar outro que, comumente, traz confusão. Deve ficar claro que nem a palavra *ser* nem a expressão *Ser-no-mundo* são substitutos genéricos de Homem, e aquele que nos procura não é um simples caso humano particular.

A pessoa que nos procura é sempre *um*, alguém específico que, como estado básico, é no mundo. *Ser-no-mundo* – como estado básico – sempre se reporta, portanto, a uma existência concreta, em sua amplitude humana.

Como é, então, essa amplitude humana? O que quer dizer viver na sua dimensão humana que, portanto, difere da vida das plantas e dos animais? Como basicamente alguém é no mundo?

Sabemos que, na visão cartesiana, o sujeito é considerado como *Res Cogitans*, em oposição ao objeto, *Res Extensa*. Nessa visão, a diferença ontológica permanece encoberta, e a condição humana não pode se mostrar em sua especificidade e amplitude.

Não temos aqui em mente a vida biológica com suas necessidades, mas algo mais fundamental em que a questão básica envolve outros aspectos do existir que possam abranger, também, a maneira de viver de alguém, por exemplo, em uma greve de fome.

A partir da ontologia heideggeriana, entendemos que, para Dasein, seu viver ou existir é constantemente a questão. Como mencionei antes, para qualquer um de nós, o nosso existir não é uma questão alheia; até os estados de apatia e de indiferença aos quais muitas vezes nos referimos somente têm sentido para alguém a quem seu próprio existir fundamentalmente diz respeito.

Não tem sentido dizermos que para uma cadeira é, ou não, indiferente o fato de estar inteira ou quebrada. No entanto, se alguém quebra o braço, perde o emprego, briga com a namorada e diz que isso lhe é indiferente, este indiferente se refere ao grau de importância que essas rupturas têm na sua vida. Assim, para qualquer um de nós, o nosso existir não nos é alheio, nem basicamente coisificado ou objetivado, apesar de muitas vezes ser tomado como tal.

Tudo que fazemos, ou relutamos em fazer, tudo o que queremos, almejamos ou pensamos, ou tudo aquilo em que nos detemos ou não, por acharmos insignificante, tem um *sentido para* cada um de nós. É diante desse *sentido para* da totalidade inteligível que as coisas podem significar algo, isto é dizer.

O existir se dá, portanto, sempre em uma totalidade inteligível nos mais variados graus de clareza e de obscuridade. Esse entendimento básico da totalidade do existir, que diz respeito a alguém específico, sempre tem um sentido para esse alguém. Em outras palavras, nós sempre temos uma compreensão nos mais variados graus de clareza de nossas vidas, mas esse compreender não deve ser tomado como uma capacidade meramente cognitiva ou intelectual e, muito menos, como um conhecimento contraposto à explicação. Pelo contrário, é ele que possibilita todas essas maneiras específicas de entendimento. Desse modo, a partir da ontologia heideggeriana, *compreender é sempre um todo afinado*, isto é, traz consigo uma disposição afetiva. Esse todo afinado é articulado em um discursar, possibilitando as várias maneiras de dizer algo, a que pertencem o falar, o escutar e o silenciar.

O estado básico de *Ser-no-mundo* é, então, a possibilidade de as coisas significarem em uma totalidade familiar que diz respeito a alguém em seu agir específico.

Se quisermos, por exemplo, entender o que é um automóvel, tanto em vigília como sonhando, e nos perguntarmos qual é o seu sentido, veremos que ele está claramente ligado àquilo para o que ele serve: por exemplo, locomover alguém de um lugar para outro. Mas isso não basta, pois o homem também pode caminhar. O automóvel, então, fala da rapidez e da limitação humana em vencer distâncias e, ao mesmo tempo, da capacidade humana de superar alguns de seus limites; ressalta, também, a pressa para fazer algo, como visitar alguém, passear com amigos, fugir, perseguir e assim por diante.

No entanto, para nos aproximarmos de um lugar, de automóvel ou não, já devemos *estar lá junto à distância*. Este *dirigir-se para* que nos deixa *junto a algo* e permite que dele nos aproximemos, ou nos afastemos, constitui o *espacializar*, característica básica do existir. Assim também, poder estirar-se em direção a algo que queremos fazer é igualmente possibilitado por um estar adiante do acontecimento concreto, que permite estarmos situados em relação ao que queremos mesmo *antes* que isso ocorra. Esta é outra característica básica igualmente primordial do existir e que constitui o *temporalizar*.

Entretanto o situar-se na própria vida, podendo reconhecer as condições do que se é capaz e do que não se é capaz, decorre da constituição primordial da *finitude do existir*. *Ser-mortal* é, portanto, algo que possibilita o situar-se, e não algo que aniquila o existir. Ter de conviver com a *finitude* para poder estar situado nos revela outra característica essencial do existir: *ser-culpado*.

Portanto, somente com base nessa totalidade podemos entender o que é um automóvel, o que é a pressa, o que é chegar a algum lugar, o que é estar com alguém, enfim, todo o agir humano que é sempre orientado *para algo*. Este *para algo* não é sinônimo de um plano objetivo, ou de qualquer outro tipo de programação. As planificações ou as programações, como comumente as entendemos, somente são possíveis a partir da totalidade que não pode, em si, ser enquadrada em nenhum tipo de sistema, por mais amplo que seja e por mais tentados que estejamos em conhecer as respostas antes dos acontecimentos.

4.4 Os fundamentos da ontologia heideggeriana e as contribuições de Boss sobre a relação terapêutica

Acrescentarei aqui alguns ensinamentos que para nós, no Brasil, sedimentaram-se a partir da orientação e do convívio com Solon Spanoudis.

O primeiro ponto a ser pensado refere-se à estrutura ontológica de Dasein como ser-com.

Podemos dizer que existimos sempre e imediatamente lançados em um mundo comum e encontramos os outros como nós, com a mesma constituição ontológica como Dasein. *Dasein-com* é como os outros aparecem para nós. Em *Ser e tempo,* isso é desenvolvido no parágrafo 4 – Ser-no-mundo como Ser-com e Ser-si-mesmo, O "a gente":

> Ser-com é sempre a característica do *Dasein* mesmo; *Dasein-com* caracteriza o *Dasein* de outros, na medida em que ele é libertado, pelo seu mundo para um Ser-com. Somente na medida em que o *Dasein* mesmo tem como

estrutura essencial de Ser-com, é ele encontrável como *Dasein-com* para os outros.[8]

Com esse entendimento, nunca podemos tomar aquele que nos procura como um ente intramundano, ante os olhos ou a mão. Nunca podemos tomá-lo de modo objetivado como, muitas vezes, ele mesmo se vê e se coloca diante de nós, buscando ajuda. Ele vem, na maioria das vezes, colocando-se na condição do "a gente"/"*they*" que busca uma saída que, a princípio, poderia ser encontrada por prescrições gerais que servem para todos – e ele seria só mais um caso em particular. Ele nos procura para prescrevermos receitas, darmos dicas ou mantras que o aliviem da angústia (ôntica) que o seu *ter-se evadido de ser si mesmo* (*Being-on's-self*), engendrou.

Portanto, já tendo clareza que o outro é Dasein-com, como podemos entender o nosso fazer? Ele está pautado por aquilo que Heidegger nomeou como Solicitude/*Fürsorge*, diferentemente do cuidado com nossas ocupações e coisas de nosso mundo, aquilo que nos concerne e diz respeito, o que chamou de *Concern/Besorge*:

> (Solicitude) pode tirar do Outro e colocar-se em seu lugar no que lhe concerne. Esse modo da solicitude, toma do Outro aquilo com que ele deve se ocupar.
> O Outro é então desalojado de sua própria posição.
> Ele retrocede para depois, quando a questão já tiver sido

---

8 Tradução pessoal do original: "*Being-with is in every case the characteristic of one's own Dasein; Dasein-with characterizes the Dasein of Others to the extent that it is freed by its world for a Being-with. Only so far as one's own Dasein has the essential structure of Being-with, is it Dasein-with as encouterable for others.*" (BT, p. 157).

resolvida, poder retomá-la como algo acabado e à sua disposição, ou se desobrigar totalmente dela.
Em tal modo da solicitude, o Outro pode se tornar totalmente dominado e dependente, mesmo que esta dominação seja tácita e permaneça escondida dele [...]
Em contraste a isto, também há a possibilidade de
um modo da solicitude que não toma o lugar do Outro, mas se antecipa ao Outro *(ihm vorausspringt)* em seu existencial poder-Ser *(in his existentiell potentiality-for-Being)*, não no sentido de tirar-lhe seu "cuidar",
mas para devolvê-lo a ele autenticamente como tal pela primeira vez. Este modo da solicitude pertence essencialmente ao cuidar autêntico, isto é,
ao existir do outro não em relação a um "que" com que este se ocupa; é um cuidar que ajuda o Outro a se tornar transparente (claro) para si mesmo em seu cuidar e se liberar para este cuidar.[9]

    A Solicitude pode ser entendida a partir de duas possibilidades extremas: a) pular em cima: tirar do outro e colocar-se em seu lugar no que lhe concerne; b) antecipar – um modo da solicitude que não toma o lugar do Outro, mas se antecipa ao Outro *(ihm vorausspringt)* em seu poder-Ser existencial, não no sentido de tirar-lhe seu "cuidar", mas para devolvê-lo a ele autenticamente como tal pela primeira vez. Heidegger ainda diz: "O cotidiano Ser-com-o-outro se mantém entre os dois modos extremos da solicitude positiva – a que ocupa o outro e domina e a que pula adiante/antecipa e liberta".[10]

---

9   Tradução pessoal do original (*BT*, p. 158-9).
10   Tradução pessoal do original (*BT*, p. 159).

Essas referências expressam intensamente como podemos entender o fazer da Daseinsanalyse a partir da Ontologia Fundamental, ainda que este não seja o objetivo delas. Para mim, tais passagens são exemplares e, não por acaso, Boss sempre se referia a elas quando falava ou escrevia a respeito da postura do daseinsanalista.

Entretanto não podemos nunca perder de vista que a reflexão de Heidegger se refere a questões ontológicas, e não a prescrições ônticas. Eu arriscaria dizer que, para aqueles que não encobrem a diferença ontológica, muitas passagens que Heidegger aborda em *Ser e tempo*, no sentido ontológico, podem servir como indicações formais para esclarecer nosso fazer ôntico.

Como tudo na ontologia fundamental, os conceitos não são passíveis de operacionalizar; decorre daí que não devem ser tomados de modo simplista ou colocados em qualquer proposição prescritiva. Esse é o grande perigo e equívoco quando se quer aplicar os conceitos ontológicos diretamente no âmbito ôntico do fazer terapêutico. Enquanto daseinsanalistas, com nossos pacientes, como supervisores de novos daseinsanalistas, devemos sempre ter em mente a necessidade da diferenciação entre os dois modos da solicitude.

Mas como saber que não estamos ocupando o lugar do outro, eximindo-o da tarefa de seu cuidar? Ou que estamos, de fato, conseguindo nos colocar na solicitude antecipatória que ajuda o outro a se liberar para seu próprio cuidar? Cuidar do outro no contexto terapêutico significa cuidar do cuidado do outro. Se lembrarmos que *cuidado* (*sorge*) corresponde ao ser de Dasein, teremos que, na Daseinsanalyse, dirigimo-nos para aquilo que é mais propriamente humano.

O segundo ponto que agora quero colocar é o lugar relevante do trabalho de Medard Boss na minha formação como daseinsanalista e o que se clareia em nosso fazer a partir de sua obra.

Se Heidegger nos traz o entendimento dos fundamentos ontológicos de quem nos procura e nos dá uma boa direção para a compreensão do que aparece na relação a partir do método fenomenológico hermenêutico, Boss nos abre para o entendimento da nossa relação com quem nos procura em nosso trabalho terapêutico propriamente dito.

Eu fui apresentado à obra publicada de Boss através do livro *Psychoanalysis and Daseinsanalysis*. O caso descrito no capítulo "A Patient Who Taught the Author to See and Think Differently" muito me impactou. Passando por várias questões de interesse, inclusive outros casos clínicos, Boss compara o fazer daseinsanalítico com a abordagem psicanalítica na qual ele se formou.

Muitas podem ser as entradas ao pensamento de Medard Boss: seus livros, suas palestras, bem como a obra de compilação e edição dos seminários de Zollikon, que produziu a quatro mãos com Heidegger. Por onde se entre, as suas reflexões sobre as questões práticas da Daseinsanalyse são de vital importância e absolutamente atuais.

Um dos principais pontos que Boss nos colocou foi a importância da utilização do *por que não?* daseinsanalítico no lugar do psicanalítico *por quê?*. Talvez eu não fosse tão enfático em dizer que um deles seja daseinsanalítico e o outro seja psicanalítico. Mas quero lembrar que Boss se referiu a essa orientação, à sua necessidade de diferenciar e mostrar as diferenças entre a Daseinsanalyse e a psicanálise – esta última, solidamente difundida, aceita e quase hegemônica à época – por ser um importante objetivo para ele.

O que talvez possamos dizer, e creio ser fiel ao entendimento de Boss, é que o "por quê?" sugere um sistema fechado, busca uma explicação, uma causa do passado que justifique algo no presente e, portanto, apela mais ao entendimento racional ou intelectual, enquanto o "por que não?" nos remete a um apelo ao futuro, a ousar mais, a se permitir, uma vez que, no mais das vezes, nossos pacientes se sentem presos ou enredados.

Nos dois exemplos que Boss nos traz em seu livro *Psychoanalysis and Daseinsanalysis*, esse entendimento de que não se trata de mera substituição de uma pergunta por outra me parece claro.

Vou aqui me deter no primeiro exemplo, que aponta para o erro que Boss diz ter cometido ao perguntar à paciente "por quê?" quando ela desceu do divã e se ajoelhou no chão, encostando os braços e a cabeça sobre o divã. Escreve ele que o "por quê?" dito naquela oportunidade pode ter sido entendido como proibição ou crítica ao seu comportamento e que essa fala pode ter impactado negativamente o andamento da terapia. Somente depois ele se deu conta que, no caso, o que ela estava dizendo, de modo gestual com sons inarticulados, era de sua necessidade de permanecer por um tempo na presença do analista em uma postura de inabalável relação de confiança – mãe-filha. A postura de ajoelhar-se já seria sua adesão à máxima freudiana: dizer tudo que lhe viesse à mente, só que em modo não verbal. Ao nos relatar o caso, Boss diz: "Se algo, ele poderia ter se aventurado a perguntar seria 'por que não?' e assim encorajá-la. Somente este encorajamento da parte do analista teria induzido a paciente a seguir a máxima freudiana de dizer tudo que lhe viesse à mente".[11]

Entendo que o "por que não?", na situação descrita, nem deveria ser perguntado à paciente. Por que encorajá-la a um falar ou gesto que ela já tinha expressado, ainda que de modo não articulado? O que se deu no momento em que a paciente desceu do divã não

---

11   Tradução pessoal do original: "If anything, he might have ventured to ask, 'Why not?' and thereby encouraging her. Only such encouragement on the part of the analyst would have induced the patient to follow Freud's basic rule to stat everything that comes to mind." (*PD*, p. 250).

foi a ausência de algum dizer, mas um dizer que foi entendido por Boss *a posteriori*. O que ele não entendeu, de modo mais claro, foi o sentido do que ela estava expressando, o significado do seu gesto naquele momento.

Está nas entrelinhas da descrição de Boss, a partir do seu entendimento *a posteriori*, que, talvez, nada devesse ter sido perguntado. E creio eu, por aquilo que dele conheço e recorrendo à expressão "licença poésica", utilizada por tradutores, que silenciar deveria ter sido sua conduta. A pergunta "por que não?" seria mais uma expressão para si mesmo, em *off*, que, talvez, pudesse ser o entendimento de que algo ainda estava se mostrando de modo encoberto e que fosse prematuro, talvez, querer total clareza naquele momento.

Mas também podemos pensar no seu afã de didaticamente mostrar as diferenças entre a Daseinsanalyse e outras abordagens.

Ainda aproveitando este caso – exclusivamente a título de exemplificação e reflexão adicional, uma vez que somente em cada situação podemos efetivamente ousar uma fala, se uma fala nos parecesse mais oportuna do que o silenciar – talvez no lugar do "por que não?", pudéssemos perguntar: "o que está se passando?", ou "o que você está sentindo?". Tais perguntas talvez pudessem apelar para alguma lembrança afetiva da paciente, se ela estivesse minimamente em condições de emitir alguma fala.

Talvez, o mais importante é que nós, daseinsanalistas, pensemos se o que estamos perguntando ao outro abre o seu entendimento e encoraja sua mobilidade, ou se o coloca em uma cadeia fechada de justificativas e explicações racionais, favorecendo seu imobilismo.

Mesmo a pergunta "por que não?" pode não ser entendida como encorajamento e apoio ao outro para que se experimente e se conheça de modo renovador. Ela pode ser entendida como cobrança para avançar, ou crítica de que não pode permanecer onde está. Não basta que nossas intervenções tenham clareza para nós.

É fundamental poder ouvir como o que dissemos impacta o outro e é por ele entendido.

A importância do *modo como algo é dito*, mais do que o conteúdo do que é dito, apesar de que este não pode ser menosprezado, abre-nos outras reflexões.

Agora, a partir de uma experiência pessoal, trago outro elemento de minha primeira tentativa de análise com um renomado psicanalista brasileiro. Foi uma experiência frustrada, e nela permaneci por pouco tempo.

À época com 22 anos, estava iniciando minha vida profissional no negócio da família e sem ainda sonhar em cursar psicologia, caminho que segui depois, quando já estava em processo terapêutico com Solon Spanoudis.

Em minha primeira sessão com o psicanalista, apresentei-me com um impecável traje, gravata moderna, cavanhaque bem aparado, todo cheio de mim na minha indumentária de executivo. Fui encaminhado para o divã sem maiores orientações. Pendurei o meu paletó na cadeira ao lado e me deitei deixando os pés para fora. O esquerdo apoiado no chão e o direito inclinado para a esquerda, em balanço, de modo a deixar o sapato para fora do divã. Após um tempo de silêncio, o analista me disse: "Vejo que você está em dúvida se quer ou não fazer análise. Não decidiu ainda se deita ou não no divã". Naquele momento passei por uma experiência que, apesar de prosaica, foi muito marcante para a minha formação como futuro terapeuta. Ao falar da minha indefinição, o que ele focava era a minha suposta resistência ao processo analítico, que, aliás, foi tema recorrente naquela e em outras sessões.

Apesar de posteriormente, em minha segunda experiência como analisando, ter podido entender que eu estivesse realmente ambivalente e temeroso ante o novo e o desconhecido, o que estava imediatamente mais presente, naquele primeiro momento, era a minha condição de moço bem-comportado, colocado em uma condição de agir sem a orientação do protocolo de adequação e boas maneiras. Deitar-me com os sapatos sobre o divã? Tirar os sapatos? Fato é que eu fiquei me sentindo muito mal e, apesar de nas sessões seguintes usar o divã, como mandava o figurino psicanalítico, o que para mim ficou dessa experiência foi o tom crítico, interpretativo e pouco acolhedor, determinante para que, em mais algumas semanas, eu abandonasse o processo.

Anos depois, tive o alcance mais amplo da *diferença entre o constrangimento da interpretação afirmativa e o acolhimento da pergunta que sugere reflexão*. Até hoje, como daseinsanalista, minhas intervenções se nutrem do que vivenciei naquela ocasião. Por mais claro e verdadeiro que possa parecer para mim determinado fenômeno, no encontro terapêutico procuro não afirmar, e sim deixar que a questão permaneça como pergunta, como um convite para ser aceita ou não.

Esta mesma reflexão se estende a outro aspecto que tem sido referência no meu modo de atuar: não me opor ostensivamente ao que vem do paciente, em determinado momento, para introduzir algo que eu acho importante.

Aguardo o momento adequado para sugerir que, "além disso", além da questão que ele está trazendo, que ele considere o que eu acho importante a ser pensado, isto é, não se opor, mas trazer (trazendo) o *também, o além disso* etc. Se o paciente não estiver disponível para essa reflexão, poderá descartá-la sem se sentir desafiado ou compelido a pensar no que propus. Se ele puder pensar no que está sendo proposto, poderá aproximar a questão que pode até, ao final, mostrar-se para ele como antagônica ao que, a princípio, havia afirmado.

Deixem-me ilustrar com um exemplo hipotético. Determinado paciente insiste em se colocar, nos encontros, como vítima da rigidez e da dominação paterna ou materna, justificando, assim, o impedimento de escolhas que signifiquem mudanças por ele desejadas na sua vida profissional ou acadêmica. De modo não claro, ele mesmo teme não ser bem-sucedido e fracassar em seus intentos. Como abordar isso?

Primeiramente, é importante ressaltar que ele já deva ter tido a oportunidade de se expressar o suficiente nessa sua visão que atribui aos pais o motivo de sua insatisfação e impossibilidade de mudança. É, também, importante que já exista um vínculo de confiança estabelecido para que possamos introduzir uma questão que se refira à sua responsabilidade relativa sobre como está a sua vida, sem trazer para a relação um clima de desconfiança e retração de sua parte. A disponibilidade para a escuta, às vezes, pode se dar já no início dos encontros – mas também pode levar mais tempo, quando os temores de mudança são muito intensos e, portanto, a antevisão de transformação se mostra muito ameaçadora.

Como poderíamos, no momento que achássemos oportuno, endereçar tal questionamento? Em vez de dizer ao paciente que sua estagnação no *status* atual se deve ao seu próprio medo, deixando explícito, ou subjacente, que a dominação e a rigidez dos pais não podem ser responsabilizadas pelo seu imobilismo, poderíamos dizer que deve ser muito difícil se opor à vontade dos seus pais, mas, além disso, perguntar se ele não identifica, também, uma ponta de medo de não ser bem-sucedido.

Se a resposta for "não", a conversa provavelmente seguiria na direção repetida da atribuição de suas insatisfações aos pais, e teríamos que esperar outro momento para abordar a questão. Mas, se já houver alguma abertura para que o paciente olhe para seu medo, ele poderia responder: "Sim, tenho certo receio de largar a faculdade, começar outro curso e, depois, descobrir que também não estou satisfeito". Uma resposta assim abriria uma enorme brecha para conversarmos a respeito da sua necessidade de garantias relativas ao futuro para poder fazer escolhas autônomas, bem como refletirmos sobre a sua visão maniqueísta, de tudo ou nada, no que se refere aos resultados de suas ações, ou outras possibilidades que, na relação concreta, pudéssemos endereçar.

Para mim, oposição nunca é uma boa escolha na relação terapêutica. Quanto maior a ameaça que alguém sinta em assumir a própria vida, maior a relutância em ter outra visão que não o "mantra" de culpar o mundo por seu próprio desencontro nela.

Outra reflexão se refere ao por enquanto que Solon introduziu.

A expressão *por enquanto* era utilizada por Solon, nos encontros terapêuticos, para apontar para o futuro e favorecer a circunstancial aceitação do que não poderia ser mudado com a urgência dos anseios de cada um, seja para se livrar do sofrimento, seja para alcançar objetivos distantes.

Talvez, na expressão *por enquanto*, esteja mais diretamente clara a postura da solicitude antecipatória. Quando dizemos *por enquanto*, não estamos afirmando que, no futuro, aquilo que aflige terá desaparecido. Não prescrevemos tarefas ou "mantras" a serem repetidos que irão trazer a mudança esperada no futuro. Estamos, simplesmente, dizendo: isso é o que você sabe da sua vida até hoje, e que o futuro, em aberto, ainda não se deu; e você ainda não sabe se isso que hoje o aflige terá a mesma importância futuramente.

Pelo entendimento que temos da estrutura da temporalidade, sabemos que mudanças no projetar-se sobre as próprias possibilidades, de modo renovado, podem se dar e, uma vez que ocorram, o entendimento dos vínculos e das expectativas do passado pode ser ressignificado. A expressão *por enquanto* não só apela para a possibilidade da mudança ôntica dos acontecimentos, mas também, principalmente, apela à característica ontológica do poder-ser que está encoberta pelo ôntico desejo ainda não alcançado.

Nós também entendemos que o sofrimento está, no mais das vezes, ligado à relutância que podemos ter de levar adiante a nossa tarefa de cuidar do próprio existir, de sermos responsáveis por nossa existência e podermos aceitar a culpa de não podermos tudo. Tudo isso está apontado somente pela expressão *por enquanto*. Nesta, está o apelo à totalidade da estrutura do cuidar em suas imbricadas *ekstases* temporais: *ser-adiante-de-si* (futuro); *em-já--sendo-em* um mundo (passado); *sendo-junto-a* (presente) entes encontrados no mundo.

O próximo ponto que quero trazer se refere à *transferência* e à *contratransferência*.

Creio que a questão ontológica subjacente aos conceitos de *transferência* e de *contratransferência* já foi bastante pensada a partir do conceito de projeção assentado no subjetivismo cartesiano.

Boss discorre sobre esse tema em seus vários escritos, buscando trazer sua melhor compreensão hermenêutica, comparando o seu entendimento com o da psicanálise. No entanto parece-me sempre oportuno repensar o entendimento de como tais conceitos se dão enquanto fenômeno, pois ambos falam da relação terapêutica.

No conceito de *transferência*, o que está em jogo é o significado do que nos dizem nossos pacientes. Estariam eles repetindo padrões antigos e nos colocando como depositários desses seus entendimentos? Creio que esse *insight* que vem da psicanálise é muito valioso, se pudermos ter uma visão a partir da fenomenologia hermenêutica.

Como se dá o entendimento do que nos vem ao encontro no nosso mundo? Como nossa abertura para o mundo se dá? Heidegger nos fala:

> A abertura do Dasein para o mundo é constituída existencialmente pela afinação (*Gestimmtheit*) de um modo do encontrar-se (*Befindlichkeit*) [...]. Existencialmente, encontrar-se implica em uma submissão desveladora ao mundo, a partir do qual podemos encontrar algo que nos diz respeito.[12]

É muito curioso o termo *submissão desveladora* utilizado por Heidegger. Ele sugere que estamos, imediatamente, lançados em uma totalidade a partir da qual entendemos *algo* como o *algo que é* para nós.

A nossa abertura para o mundo se dá a partir da equiprimordialidade das estruturas existenciais do encontrar-se (*Befindlichkeit*), do compreender *(Verstehen)* e do discursar *(Rede)*. Essas estruturas se copertencem: encontrar-se tem sempre um entendimento, e compreender está sempre afinado, ambos em uma articulação significativa. Discursar é articulação da inteligibilidade. Como isto pode ser percebido diretamente na relação com os nossos pacientes? Para isso quero trazer outra referência de entendimento.

Motivação básica foi o modo como Solon e eu nos referíamos ao pano de fundo que fala do compreender que se encontra sempre afinado em uma disposição afetiva. É fundamental entendermos a *motivação básica* na qual se encontram, em cada situação, nossos

---

12   Tradução pessoal do original (*BT*, p. 177).

pacientes para entendermos o significado de suas falas e ações, isto é, o contexto da submissão desveladora do seu mundo, a partir do qual eles encontram o que lhes diz respeito.

Às vezes, a *motivação básica* é bastante nítida e se torna perceptível, de modo mais constante, na maneira como o outro se coloca diante de nós. Por exemplo:

- experiências de abandono ou desproteção severas na infância podem configurar *motivação básica* de retração e encolhimento diante da vida. Nesses casos, o mundo, assim desvelado, estaria repleto de pessoas para as quais o paciente, descrente de suas possibilidades de convívio e trocas, seria desinteressante e desqualificado. Assim, alguém que quisesse, genuinamente, relacionar-se com ele, teria que passar por muitas provas para, talvez, ser capaz de desconstruir o que essa *motivação básica* configura;
- situações de excessivas críticas, demandas ou apreensões durante o crescimento podem configurar *motivação básica* e ansiedade e inoperância diante da vida. Nesses casos, o mundo desvelado estaria repleto de pessoas prioritariamente severas e impossíveis de serem agradadas;
- situações de maus-tratos físicos e de abusos na infância podem configurar *motivação básica* em um modelo de apatia ou de seu oposto, de agressividade exagerada com os outros. Estes seriam tomados como potenciais agressores, opressores.

Em todas essas distintas relações, há tanto um entendimento prévio do que é encontrado e de quem é encontrado no mundo – seja como agressor, opressor, ou indiferente –, como também um entendimento que temos de nós mesmos como desinteressantes, incapazes ou desqualificados. Esse entendimento prévio também sempre se refere às possibilidades e impossibilidades que projetamos para o futuro.

Nem sempre, em todos os atendimentos, a *motivação básica* está tão claramente visível ou marcada; portanto nem sempre teremos a compreensão das ações dos nossos pacientes com a clareza que a identificação de sua *motivação básica* nos traria em cada caso, em cada situação. No entanto a busca desse entendimento, ainda que traga configurações menos precisas, é muito importante para entendermos os sentimentos, as ações e as buscas dos nossos pacientes.

A partir dessas colocações, como podemos entender *transferência*? Deveríamos entendê-la como *motivação básica* ou *disposição afetiva* de alguém em um modo rígido que o impede de diferenciar as peculiaridades de como o/a terapeuta se relaciona com ele.

Como nos exemplos citados, determinado paciente, sem ter a possibilidade de distinguir a pluralidade do que lhe é endereçado, vê tudo a partir de seu rígido e estreito horizonte de entendimento, não podendo ver o novo que está diante de si. Assim, ele compreende o terapeuta na vala comum de sua afinação – por exemplo, como um juiz severo, como alguém que o desqualifica, ou como alguém que o rejeita.

Contudo nem sempre esse é o caso. Poder diferenciar quando o paciente nos toma a partir de uma configuração rígida, ou quando nos toma a partir de como nos mostramos efetivamente na relação, é algo que só a continuidade dos encontros e o mútuo esclarecimento poderão trazer. Esse é o âmbito da chamada *contratransferência*.

Será que o paciente percebeu o meu desejo, o meu interesse, a minha expectativa, a minha disposição afetiva em relação a ele? Ou o que ele sente e expressa diz respeito à sua história?

Quando falamos ou pensamos em algum paciente em particular, sempre começamos com a história do paciente, mas no processo terapêutico estamos, inevitavelmente, na história do paciente.

Quando o paciente nos conta a sua história, ele também está nos dizendo que não se entende em sua história, mas quer se entender nela. Ele não somente nos conta a sua história, mas nos convoca a participar dela. Portanto, não basta que, exaustiva e unicamente, olhemos para a história do paciente; precisamos ter constantemente diante de nós a nossa história com o paciente. É importante pensarmos mais sobre o teor desta.

Temos, como terapeutas, o foco na história do paciente; agora, nós mesmos fazendo parte da sua história. A nossa história, no entanto, não deve entrar como foco na história que vivemos em comum. Temos, sim, uma história com o paciente a partir da história dele, tendo, como foco do nosso trabalho, o esclarecimento desta história – na qual a "minha" história como tema deve, necessariamente, permanecer retraída.

Essa, talvez, seja a razão da vivência de alguns pacientes de haver certo "desequilíbrio" da relação terapêutica que, por vezes, não é aceita por eles. Por não verem o que esse desequilíbrio lhes traz de novo, gostariam de configurar a relação a partir dos parâmetros já conhecidos das relações tidas por eles como equilibradas.

Expressões como "eu sei que não sou importante para você", "eu sei que você deve ter outros pacientes muito mais interessantes", "eu sei que devo ser um fardo para você", "eu queria que você viesse à minha reunião de aniversário, mas sei que não pode", "eu queria tomar um café contigo fora daqui, conversar sobre as coisas, saber como você pensa, ou sente", todas falam das solicitações que, como terapeutas, encontramos com frequência.

As solicitações apresentadas teriam como substrato comum "quero ter uma história comum tendo como foco também a sua história, não somente a partir da minha história".

É nesse contexto delicado e não óbvio que devemos pensar em nosso modo de nos relacionarmos com nossos pacientes. Para mim, está claro que um distanciamento frio não é o caminho e que a receptividade afetiva é fundamental. No entanto não devemos confundir *receptividade afetiva* com *sedução dominadora*. A primeira diz da receptividade que pode facilitar ao outro adquirir confiança em si, enquanto a segunda provoca aprisionamento na pretensa segurança de uma nebulosa correspondência. Podemos entender "adquirir confiança em si" como disse Boss, na conferência Introdução à Daseinsanalyse (1997):

> [...] quando o terapeuta persiste o bastante, imperturbável e em proximidade conveniente junto ao paciente, até o empréstimo temporário de sua liberdade ao paciente e até que este possa, novamente, ele próprio, adotar uma conduta mais livre em face as coisas do mundo.[13]

É na história do paciente, que com ele compartilhamos, que a história dele pode se esclarecer para ele e para nós. Lembrando que este é o foco do nosso trabalho: que possa clarear, em constante atualização, sua história, suas motivações, seus contextos de envolvimento, suas amarras, seus temores, seus anseios, seus sonhos,

---

13   Conferência realizada na Clínica Psiquiátrica da Universidade de Basel, na Suíça, em 20/11/1984.

seus desafios, o que ele pode e o que não pode, as possibilidades e os limites que engendraram e engendrarão suas ações.

Ao fazermos parte da história de um paciente, e dada a impossibilidade de neutralidade da nossa parte, determinar o que é de cada um – paciente e terapeuta – em cada situação não se dará a partir de algum tipo de teoria explicativa. Isso não será possível nem mesmo pela autoridade do terapeuta, ainda que se espere que este tenha maior clareza de si. Tal entendimento faz parte da singular relação em cada caso, relação de gradual confiança na qual o propósito do terapeuta possa ser transparente e perceptível. Desse modo, a cumplicidade, na jornada comum de uma bem-sucedida relação terapêutica, pode trazer, ao longo do tempo, a diferenciação do que é de cada um.

Não se trata de ser neutro, mas de *ser para o outro nada específico*. Este *ser nada* na terapia não é se anular – o que nem seria possível – mas, sim, ao longo dos encontros, tornar-se visível de tal modo que possa ser visto ou encontrado não tendo expectativas ônticas em relação ao outro.

Ser nada para o outro é ser para o outro nada de expectativas e ser visto assim por ele. Parece-me, neste ponto, oportuno dizer que a própria vivência terapêutica, consistente e bem acompanhada, é fundamental para qualquer um que, em algum momento, queira se aventurar na tarefa de ser terapeuta.

Nas supervisões de novos terapeutas, tenho visto, em geral, enfoque maior na história do paciente do que na história com o paciente.

No nosso processo de formação, na ABD, o cobrir essas duas dimensões se dá em dois tipos de acompanhamento supervisionado – em grupo e individual:

- supervisão em grupo: apesar de haver um olhar para a relação terapeuta/paciente, a ênfase maior acaba sendo a história do paciente;
- supervisão individual: ainda que também o entendimento da história do paciente seja fundamental, há um olhar aguçado para a *história com o paciente* e para as intersecções em que determinadas questões do paciente tocam em aspectos pessoais dos terapeutas. Nessas ocasiões, também podemos nos deter com mais cuidado no modo como as coisas são ditas na relação com o paciente.

Já me encaminhando para o final, quero retomar algo que falei anteriormente, relativo à formação de terapeutas, que diz respeito ao seu sentido, e não às questões práticas do processo de formação. Eu havia dito que entendo essa tarefa como algo análogo à *relação mestre-aprendiz*. Essa afirmação pode ser entendida como algo utópico nos dias de hoje, algo romântico, talvez, ou utilitário, como sucede por vezes nas relações de uso e de dominação que podem caracterizar certas relações acadêmicas e certos projetos de pesquisa.

Pensando no ser terapeuta como um ofício, cabe pensar que o aprendizado deve se dar na proximidade e na observação do mestre agindo, não como alguém que fica atrás de um vidro espelhado, como observador externo de um fazer.

Posso dizer que ser paciente é ser aprendiz quando este se encontra na mesma vocação do terapeuta. Isso significa ele ter encontrado no terapeuta não um modelo, mas um exemplo de atuação que, na intimidade, pôde compartilhar. Posso, também, dizer que ser supervisionando é ser aprendiz quando o seu supervisor não tenta torná-lo cópia de si mesmo.

Hoje sabemos que a ênfase das formações, em geral, está mais nos procedimentos e indicações de processos e técnicas das mais variadas origens. Mas creio que é nosso dever, como integrantes responsáveis por instituições daseinsanalíticas, não perder de vista algo que é fundamental: cuidar da individualidade de cada um de nossos supervisionandos. Cada um tem seu estilo, sua maneira de se relacionar, mais sério ou mais reservado, mais extrovertido e efusivo, mais ou menos afetivo e assim por diante.

Não estou advogando que devemos deixar a chamada espontaneidade nortear a conduta terapêutica e, assim, nortear nosso olhar e cuidado com nossos supervisionandos.

As questões que possam estar implicadas no chamado modo pessoal, tais como inibições, temores, restrições, maior arrojo ou contenção, já deveriam ter sido bastante exploradas na própria terapia e nunca deveriam ser abandonadas ao longo da vida de todo terapeuta.

Mas, aqui, me refiro ao estilo de cada um. Ser um terapeuta, assim como ser o artesão que faz várias obras aparentemente iguais, de fato, é estar comprometido com a criação original de cada obra, e não com a reprodução da mesma obra, isto é, executar originalmente em um fazer criativo, e não em um fazer reprodutivo. Este é o fazer que guarda o sentido original do que os gregos antigos chamavam de *poiesis* – e não o que, no entendimento mais superficial, tornou-se jargão, sinônimo de poesia ou análogo a obras do mundo das artes.

Assim como os verdadeiros mestres não tornam seus aprendizes cópias de si mesmos, o verdadeiro supervisor também não o fará. A rigor, mesmo que assim o quisesse, não seria possível, mas seguramente traria grande malefício aos seus supervisionandos, impedindo o crescimento na direção do próprio modo de serem terapeutas.

Ser mestre de um aprendiz é, portanto, permitir que este o acompanhe no seu trabalho de criação original ao longo do tempo, seja por ocasião da própria terapia ou, posteriormente, em seu trabalho como terapeuta.

Ter sido um verdadeiro mestre no nosso ofício, como terapeutas ou supervisores, é ter conseguido liberar o outro para o seu fazer próprio e independente, a partir de suas condições e estilo.

REFERÊNCIAS BIBLIOGRÁFICAS

BOSS, M. *Psychoanaysis and Daseinsanalysis*. New York; London: Basic Books, Inc.Publishers, 1963.

BOSS, M. Introduction to Daseinsanalysis. *Revista Daseinsanalyse*, São Paulo n. 8, p. 13-20, 1997.

HEIDEGGER, M. *Being and time*. Oxford: Basil Blackwell, 1973.

A DASEINSANALYSE DIANTE DO CAMPO HISTÓRICO-HISTORICIDADE[1]

Maria Beatriz Cytrynowicz[2]

DASEINSANALYSIS IN THE HISTORICAL REALM-HISTORICITY

---

1   Versão revista do texto apresentado no IV Congresso Internacional de Psicologia Fenomenológica e Hermenêutica, em 2021, em São Paulo.
2   Psicóloga pela Pontifícia Universidade Católica de São Paulo (PUC-SP), daseinsanalista, membro e diretora científica da Associação Brasileira de Daseinsanalyse (ABD).

RESUMO

Este artigo se propõe a uma reflexão sobre a Daseinsanalyse como método terapêutico fenomenológico no âmbito da compreensão das mais amplas possibilidades existenciais históricas "em cada caso", tendo como horizonte o significado e o sentido da historicidade a partir do pensamento de Martin Heidegger.

Palavras-chave: Daseinsanalyse. Fenomenologia. Terapia. História. Historicidade.

ABSTRACT

This article aims to reflect upon Daseinsanalysis as a phenomenological therapeutic method, in the realm of the most comprehensive historical existential possibilities 'in each case', considering the horizon of sense and meaning of historicity from the thought of Martin Heidegger.

Keywords: Daseinsanalysis. Phenomenology. Therapy. History. Historicity.

Nesta mesa de discussão em torno do tema "Tempos em crise a partir da hermenêutica daseinsanalítica", juntamente a Marcos Colpo e a Fátima Prado, vamos trazer algumas reflexões, a partir das fundamentais contribuições de Martin Heidegger, para a atuação na clínica daseinsanalítica.

Com o tema "A Daseinsanalyse diante do Campo Histórico-Historicidade", proponho não focar especificamente nos *tempos em crise*, mas, efetivamente, no entendimento que temos dos acontecimentos históricos a partir da historicidade fundamental de Dasein. Penso que, entendendo mais adequadamente o caráter histórico a partir da historicidade existencial, podemos ter mais condições de lidar com as diversas e difíceis solicitações com as quais nos deparamos no dia a dia em nossos atendimentos clínicos, especialmente nos meses de restrição provocada pela pandemia da covid-19.

Quero, de início, ressaltar que a minha busca de compreensão dos fundamentos existenciais de *Ser e tempo*[3] (Heidegger, 1927) advém, prioritariamente, do meu lugar como psicóloga daseinsanalista, seguindo Solon Spanoudis – que introduziu, no Brasil, o pensamento hermenêutico-fenomenológico de Heidegger nos campos da psicologia, da psiquiatria e da psicoterapia daseinsanalítica.

A Daseinsanalyse tem como método e projeto aproximar e compreender as possibilidades existenciais específicas de cada paciente em sua singularidade própria. Assim, como daseinsanalista, procuro compreender os significados peculiares e o sentido histórico das vivências, das atitudes e dos comportamentos de cada um dos meus pacientes, sejam eles adultos, adolescentes ou crianças.

Também gostaria de dizer que, mesmo não sendo filósofa, considero a seriedade da crítica que há muito se faz sobre transportar diretamente o texto filosófico para o âmbito de uma prática, o que incorreria em faltar com o rigor tanto do pensar filosófico como da prática terapêutica. Por mais rigoroso que seja o estudo do pensamento de Heidegger, por si só, ele não é suficiente para assegurar compreensões, em cada caso, do ser-no-mundo em questão no âmbito da prática clínica.

Ao me debruçar sobre os textos de Heidegger, de Medard Boss e de outros autores, o que procuro é descobrir caminhos mais potentes e vigorosos que ampliem o entendimento da existência humana em suas possibilidades de manifestação e realização. Acredito que,

---

3   Ao longo deste texto, optou-se por fazer referência à obra como *ST*.

ampliando o nosso entendimento, podemos acolher melhor a diversidade existencial de nossos pacientes em atendimento terapêutico.

Medard Boss foi um psiquiatra suíço que desfrutou de uma impensável e especial amizade com Heidegger. Os encontros entre os dois foram oportunidades para que Boss encontrasse o apoio necessário para a formulação da Daseinsanalyse como um novo caminho de atuação nas clínicas psiquiátrica e psicoterápica. Ele sempre explicitava, para que não houvesse mal-entendidos, que a origem da Daseinsanalyse no âmbito da clínica tem como fundamento a diferença ontológica de Dasein (a existência humana) ante tudo o que é (coisas ou entes da natureza). A partir dessa consideração, Boss reafirmava a diferença entre a Daseinsanalyse – seus princípios e seu método – e todas as demais proposições teórico-técnicas da psicologia, estruturadas sobre interpretações deterministas de uma ciência fundada em epistemologias de causalidades mecânicas.

Boss recomendava que para a compreensão da fenomenologia, teríamos que dar um salto, conforme Heidegger ensinou, para além do pensamento causalista. No entanto deparamo-nos, muitas vezes, com uma grande dificuldade para dar esse salto ou para nos mantermos nele, mesmo que já tenhamos percebido a sua importância. Com essa dificuldade, permanecemos, na psicologia, recorrendo às teorias explicativas ou às formulações de processos gerais que servem tanto para as interpretações das vivências mais comuns como para os diagnósticos de quadros psicopatológicos para os quais o "cada caso" é um exemplo "meramente elucidativo".

Nunca é demais dizer que a Daseinsanalyse principia como método fenomenológico, seja no horizonte da reflexão sobre as possibilidades existenciais do Dasein, seja no entendimento do acontecer fáctico "em cada caso" que se dá no âmbito terapêutico.

A Daseinsanalyse, no horizonte da reflexão de possibilidades ou no âmbito terapêutico, lida com a compreensão de fenômenos. Fenômenos não são conceitos. Fenômenos não são fatos. Fenômenos também não são objetos. Fenômeno é aquilo que se mostra, que pode aparecer e que vem à luz. O método fenomenológico busca o entendimento do que aparece em seu aparecer.

No parágrafo 7 de *ST*, o filósofo esclarece: "Acima da realidade está a possibilidade. A compreensão da fenomenologia depende unicamente de se apreendê-la como possibilidade" (Heidegger, pp. 69--70/p. 129-130).[4] Desse modo, com o método fenomenológico, estamos voltados, efetivamente, para o que pode aparecer em seu próprio aparecer.

Quando recebemos em nossos consultórios pessoas de diferentes idades com questões, queixas, insatisfações pessoais próprias ou de outros, preocupações e sofrimentos dos mais diversos – como ansiedades, incertezas e medos, paralisação, agressividade, dificuldades de sono –, de início, deparamo-nos com a nossa impotência diante do que ainda não conhecemos: "Quem é aquela pessoa desconhecida e como podemos ajudá-la, se nem sabemos quem ela é? Como descobrir?".

O nosso desafio como terapeutas daseinsanalistas é poder aguardar o esclarecimento das nossas próprias indagações, sem termos que nos apressar numa antecipação aparentemente "assegurada" pela validação geral. No entanto romper com conceitos estabelecidos e superar determinadas certezas e "realidades" consideradas

---

4   As páginas indicadas separadas com barra (/) se referem às duas traduções da obra *Ser e tempo* utilizadas aqui. A primeira (à esquerda) é a de Márcia de Sá Cavalcanti; a segunda (à direita), de Fausto Castilho.

essenciais é sempre muito difícil, sobretudo quando fazem parte do projeto comum dos homens na longa jornada de tentativas de controle e determinação dos eventos em geral.

O desafio de todos os daseinsanalistas em sua dupla tarefa – de investigação e explicitação das possibilidades existenciais e de busca pelo desvelamento do significado e do sentido próprios da história única de cada paciente – é permanecer na proximidade dos fenômenos em questão. Resistir ao vasto arcabouço mecânico conceitual que a psicologia oferece, nos mais diversos matizes, não é uma empreitada fácil, porém ela é necessária para que possamos permanecer rigorosamente fiéis à constituição ontológica específica de Dasein em suas mais amplas possibilidades do acontecer ôntico sempre em "cada caso".

No amplo conjunto das teorias, referente, tanto às da psicodinâmica a partir da psicanálise, como às comportamentais ou organicistas, o acontecer existencial "próprio e impróprio" de Dasein – como ser-lançado e aberto por se fazer – é subjugado à determinação da sucessão de "fatos", de "fases" ou de "processos" comuns de eventos futuros. Nessa interpretação prévia, o sentido da condição originária da temporalidade do ser-no-mundo como *poder-ser*, em cada caso, é extraviado e permanecemos como "repetidores" ou clones humanos, "replicantes" tão bem retratados no filme *cult* dos anos 1980, *Blade Runner*, aos quais somente cabe reproduzir as ações para os quais foram programados.

Em muitos casos, encontramos significativamente aqueles que, por suas condições, são subjugados e impedidos de existir em suas mais próprias possibilidades e, constantemente, são forçados ou exigidos a seguirem em direção desfavorável a si mesmos. Sem poder resistir, eles sofrem e adoecem.

Heidegger alertou os médicos: "O determinismo nega a liberdade enquanto liberdade é ser-livre-e-aberto para uma solicitação".[5]

Como Dasein, nós somos um projeto inacabado; temos a tarefa de sermos nós mesmos, somos abertos para constituirmos a nossa existência a cada momento. Como essa abertura que nos constitui em nosso acontecer, somos fundados essencialmente na temporalidade. Desse modo, compreendemos que a nossa existência não está assegurada ou segura, que está constantemente por ser realizada em nossa história pessoal. Este ser-em-aberto histórico nos angustia.

A partir dessa consideração inicial, como podemos compreender a nossa história singular que é a de cada um de nós? Que amplitude tal compreensão pode alcançar? Como pensar, a partir do salto necessário da hermenêutica fenomenológica desenvolvida em *ST*, os fundamentos do existir em cada caso, no sentido de sua história, que Heidegger denominou como "contextos ou encadeamento de vida"?

Proponho, aqui, uma possibilidade de compreensão existencial da história, *para além ou para aquém* das teorias de desenvolvimento ou de personalidade, ou dos "processos" gerais de aprendizagem, a partir do pensamento de Heidegger, em *ST*, especialmente no capítulo V, "Temporalidade e Historicidade".[6] Em seguida, vou percorrer o parágrafo 15 de *Introdução à filosofia* (2008).

É importante ressaltar que toda a análise que Heidegger empreendeu nesses parágrafos teve como fundamento a temporalidade de ser-no-mundo, investigada nos capítulos precedentes de *ST*. A temporalidade foi investigada, então, enquanto a condição mais

---

5   *Seminários de Zollikon*: Diálogos de 8 a 16 de março de 1968.
6   Do parágrafo 72 ao 74.

originária de Dasein, interpretada primeiramente como cura/preocupação (*sorge*) que, em seu poder-ser e ser-para-o-fim, é entregue à própria existência, à própria facticidade e à própria queda. No entanto, deixarei em aberto a explicitação de cada um desses temas a fim de conseguir realizar o tema proposto. "História, como aqui me refiro, é entendida essencialmente como a construção existencial da historicidade."[7]

Na investigação anterior, a partir do parágrafo 45 de *ST*, Heidegger se deteve, enfaticamente, *no ser-para-o-fim* na referência do ser-para-a--morte, mesmo que então já tivesse apontado a co-originariedade entre morte e nascimento. Para o nosso intento aqui é importante ressaltar as seguintes considerações que o filósofo inicialmente apresentava:

Parágrafo 45: "A cotidianidade é justamente o ser 'entre' o nascimento e a morte" (p. 11/p. 645).

Parágrafo 48: "A morte é um modo de ser que Dasein assume logo que é. 'Para morrer basta estar vivo/O homem logo que nasce já é bastante velho para morrer'" (p. 26/p. 677).

Já no capítulo V de *S.T*, "Temporalidade e Historicidade", Heidegger enfatiza, no parágrafo 72, que a dimensão histórica de Dasein se completa, desde sempre, entre dois *fins* que são co-originários. Ele diz: "Somente a morte é, no entanto, o único 'final' de Dasein e, formalmente tomado, é só um dos finais que abrangem a totalidade do Dasein".

Nesse momento, ele já anuncia: "O outro 'final' é o início, o nascimento" (p. 177/p. 1.011).

Depois de ter feito tais afirmações, ele diz que, até então, a analítica havia desconsiderado não somente *o ser para o princípio*, mas,

---

[7] *ST*, p. 183/p. 1.023.

sobretudo, a *ex-tensão* do Dasein "*entre*" nascimento e morte – e que havia passado por cima, também, do "contexto/encadeamento de vida" em que o Dasein continuamente é e, de algum modo, mantém-se. Mas somente o entendimento mais rigoroso do ente "entre" nascimento e morte torna possível a totalidade histórica que procuramos compreender.

Do parágrafo 72 ao 74, encontraremos as bases necessárias para uma interpretação fenomenológica daseinsanalítica da história em cada caso. Seguem algumas passagens do parágrafo 72:

> O Dasein não existe como soma de realidades
> momentâneas de vivências que sucessivamente
> (uma após a outra) sobrevêm e desaparecem. Toda
> tentativa de se caracterizar ontologicamente o ser
> "entre" nascimento e morte, tomando como ponto
> de partida ontológico implícito a determinação desse
> ente como algo subsistente "no tempo" está fadada
> ao fracasso. (Heidegger, p. 178/p. 1.013)
> Através das fases de suas realidades momentâneas,
> o Dasein não preenche um trajeto/percurso "da vida"
> já subsistente. Ao contrário, ele (Dasein) se estende
> a si mesmo de tal maneira que seu próprio ser já
> se constitui como extensão. (Heidegger, p. 178/p. 1.015)

E completa:

> O referido "entre" nascimento e morte já reside no ser do
> Dasein. Compreendido existencialmente, o nascimento
> nunca é algo passado, no sentido do que não é mais, assim

> como a morte não tem o modo de ser de algo que ainda simplesmente não se deu, mas que o será. O Dasein factual existe nascendo e é nascendo que ele também morre, no sentido de ser para a morte.
> Estes dois "fins" e o seu "entre" são apenas na medida em que o Dasein existe de fato e são do único modo como isso é possível: sobre o fundamento do ser do Dasein como preocupação/cura (sorge). Na unidade do estar-lançado e do ser para a morte, em sua fuga e antecipação é que nascimento e morte formam uma "conexão" conforme o Dasein. Como preocupação (sorge), Dasein é o "entre". No horizonte da constituição temporal do Dasein, deve-se tomar como ponto de partida o esclarecimento ontológico do "contexto de vida"/"encadeamento da vida", ou seja, extensão, mobilidade/movimentação e permanência/persistência específicas do Dasein. A mobilidade da existência não é uma movimentação de um ente subsistente, mas ela se determina a partir da extensão de Dasein. O acontecer de Dasein é a movimentação específica deste estender-se estendido.
> (Heidegger, p. 179/p. 1.015)

No parágrafo 73, Heidegger continua uma importante análise dos significados comuns de "história" e de "passado":

> A história não significa tanto o "passado" no sentido do que passou, mas a sua proveniência/o originar-se a partir dele. O que "tem uma história" encontra-se inserido num devir/vir a ser.

"Desenvolvimento" significa, então, ora ascensão, ora queda. Dessa forma, o que "tem uma história" pode ao mesmo tempo "fazê-la". "Fazendo época", ele determina o "futuro" a partir do "presente". História é o acontecer específico do Dasein no seu gestar-se no tempo como existente de tal maneira que vale, como história, acentuadamente, tanto o "passado" como também o "legado" ainda eficaz no ser-um-com-o-outro.
(Heidegger, pp. 183-184/pp. 1.025-1.027)

No parágrafo 74, encontramos: "De fato, o Dasein tem cada vez a sua 'história'" (Heidegger, pp. 188-189/pp. 1.035-1.037). Em resumo, é fundamental compreendermos que somos lançados e certamente abandonados a sermos nós mesmos. Entregues em nosso poder-ser como ser-no-mundo, temos que nos resolver factualmente junto-aos--outros. No mais das vezes, não nos reconhecemos nessa condição originária; em nosso cotidiano, afastamo-nos ou diminuímos a distância de quem somos, absorvidos ou distraídos em nossas tarefas. Aceitamos ou rejeitamos a impotência frente a nossa própria *finitude* (o modo como Heidegger denomina "fundamento oculto da historicidade"). "Somos históricos por sermos tempo, e não porque repetimos uma herança" (Heidegger, p. 1.045). Assim, entendemos que assumir a própria história no "contexto ou encadeamento da vida" tem, como possibilidade, a repetição de uma herança recebida.

O contexto da vida está sempre "em movimento", por se fazer, assim como a sua "extensão" não é uma medida objetiva relativa a um ente subsistente. Desse modo, a proximidade que possibilita o entendimento do paciente, em cada caso, escuta aquilo que é dito no nexo com o todo de suas referências.

A analítica heideggeriana sobre o "*contexto ou encadeamento da vida*" em *ST*, que visa ao entendimento da historicidade fundada na temporalidade original de Dasein, foi completada posteriormente na parte que se refere a "O outro 'final': o início, o nascimento", no livro *Introdução à Filosofia*, publicado em 1976.

No parágrafo 15, "O ser descobridor do Dasein das crianças e do Dasein dos primórdios da humanidade",[8] Heidegger esclarece, de início, que:

> [...] as observações metodológicas que se seguem sobre o papel do Dasein nas etapas iniciais da existência dos homens e nos primórdios dos povos precisam ser compreendidas a partir da interpretação em princípio ontológico fundamental de Dasein e não, por exemplo, como antropologia.

Logo a seguir, encontramos:

> [...] se é que todos esses também devam ser entendidos como homens, eles não podem ser simplesmente diversos em essência. Aqui também se trata de um Dasein humano. No entanto, se os graus e períodos do estágio primevo do homem, seja como criança ou como ser de tempos pré-históricos, são diversos – o fato de lhes faltar uma clareza específica não constitui nenhuma falha. (Heidegger, p. 129)

---

8   Casanova traduziu *Dasein* para *ser-aí*. Uma vez que *Dasein* tem sido traduzido de modos diferentes por diversos tradutores (*ser-aí*; existência; estar-aí; presença), manterei aqui a palavra original alemã.

Nesse momento, além da questão do primeiro final, que revela a amplitude da historicidade de Dasein, Heidegger nos traz à luz precisos e ricos apontamentos para o entendimento de Dasein desde o seu nascimento.

Para aqueles que ainda ficam impressionados ou são importunados com perguntas como "desde quando podemos dizer que a criatura é Dasein?" ou se "bebê é Dasein?", as considerações de Heidegger a respeito do acontecer no modo "privativo" ou do entendimento "ainda obscuro" que constam no parágrafo 15, se lidas com atenção, trazem esclarecimentos especiais.

O que mais me espanta na pergunta "bebê é Dasein?" é ela continuar sendo uma questão a ser respondida – e não que não se procure pensar como entender o caráter de Dasein desde o seu nascimento. Isso, sim, é o que deve ser pensado.

Mais esclarecedoras ainda para o desafio inicial ao qual aqui me propus – de podermos compreender a história singular em cada caso e a amplitude que essa compreensão pode alcançar a partir da fenomenologia daseinsanalítica – são as seguintes passagens do livro *Introdução à Filosofia*:

> Com base na pesquisa psicológica, psicanalítica, antropológica e etnológica, temos hoje possibilidades mais ricas de visualização de determinados contextos do Dasein. Todavia, os fatos e fenômenos que se podem aduzir a partir dessas investigações carecem de uma revisão crítica fundamental, se forem pleiteados para eles modos essenciais do Dasein. Essa revisão deve guiar-se pela seguinte tese fundamental: se em relação ao Dasein infantil, assim como ao Dasein dos povos primitivos, o que está em questão é um Dasein humano, encontra-se à (na) base

desse Dasein humano um caráter essencialmente histórico,
ainda que simplesmente não reconheçamos esse caráter.
(Heidegger, p. 130)

Logo a seguir, encontramos:

> [...] não considero que o nascimento seja pura e
> simplesmente o outro polo extremo do Dasein que pudesse
> e devesse ser abordado na mesma problemática da morte.
> Ao se investigar o Dasein, tampouco se pode apelar, sem
> mais nem menos, para o nascimento em lugar da morte, do
> mesmo modo que um botânico, ao averiguar uma planta, em
> vez de começar pela florescência, pode começar por sua outra
> extremidade, a raiz. Justamente considerando-se o fato
> do nascimento que, em certa medida, não se encontra,
> na verdade, atrás de nós, vale dizer que aquilo que
> primeiramente nos parece ser o que fomos primeiro
> é, em meio ao conhecimento, o mais tardio. Precisamos
> necessariamente retroceder ao nascimento. No entanto
> esse retrocesso não é simplesmente a inversão do ser para
> a morte. Para esse retrocesso é mister uma elaboração do
> ponto de partida totalmente diversa da que se empreende
> em relação a todos os outros limites do Dasein.
> O mesmo vale, de maneira análoga para a interpretação
> da infância, se é que essa interpretação não tem intuitos
> simplesmente psicológicos ou pedagógicos quaisquer.
> (Heidegger, pp. 130 -1)

Encontramos, ainda, um especial exemplo do olhar fenomenológico que Heidegger nos ensina:

Se de maneira totalmente elementar, presentificarmos para nós o modo do Dasein de uma criança no seu primeiro momento Terreno, então nos depararemos com o choro, com o movimento agitado no mundo, no espaço, sem qualquer finalidade e, contudo, dirigido para... Ausência de finalidade não é desorientação e orientação não significa estar voltado a uma finalidade.
Ao contrário, orientação significa em geral estar-direcionado a... estar-direcionado para... estar-direcionado para fora de...
O que determina inicialmente esse Dasein é a quietude, o calor, a alimentação, o estado de sono e de sonolência. Concluiu-se a partir daí que esse Dasein, em um primeiro momento, ainda estaria em certa medida enrolado e encerrado em si, que o sujeito ainda estaria, nesse caso, totalmente imerso em si. Esse ponto de partida já é fundamentalmente equivocado, uma vez que a reação da criança – se tivermos o direito de nos orientar por essa expressão – tem efetivamente o caráter do choque, do susto. Talvez o primeiro choro já seja um choque bem determinado. Susto é uma sensibilidade à perturbação, uma forma originária do deter-se e reparar em algo, um comportamento inerente ao deixar algo ser. Todavia, ele também aponta para um ser surpreendido e desconcertado por algo, para um ficar perplexo com algo, sendo que aquilo que nos deixa perplexos ainda está velado. Essa perplexidade já é uma disposição afetiva.
As coisas não são de um tal modo que a criança somente venha a passar de um sujeito encerrado em si mesmo para os objetos no decurso das primeiras semanas. Ao contrário,

> ela já está voltada – e não apenas quando é arrancada do estado de sonolência – para fora...; ela já está fora junto a... O ser junto ao ente ainda está, em certa medida, envolto em nuvens, ainda não está aclarado, de modo que esse Dasein ainda não pode fazer uso do ente, junto ao qual, de acordo com sua essência, ele já sempre se encontra.
>
> (Heidegger, pp. 131-2)

Depois desses esclarecimentos de Heidegger, podemos entender, de modo mais claro, o que já estava na parte 5 do capítulo II do livro *Criança e infância: fundamentos existenciais*:

> Quando a história de cada um é constituída, algo peculiar acontece: permanecemos escorregadios, escapando ao já configurado na direção de ser para além do que já somos revelados. Por isso não podemos ser, pela nossa própria condição existencial, compreendidos somente pela história construída. Não somos assim, por opção, desejo ou determinação de uma força interna ou externa. Mas, são o desenvolvimento e o desenvolver-se, melhor entendidos como estar-voltado-para-o-futuro e, ao mesmo tempo, constituindo a própria trajetória histórica.
>
> (Cytrynowicz, p. 82)
>
> Assim é que o futuro na infância é tão curto quanto o passado e ambos vão se abrindo na medida em que a criança vai crescendo e criando a sua história pessoal. O futuro e o passado da criança são descobertos conjuntamente, na continuidade das descobertas e realizações que se dão a cada momento.
>
> (Cytrynowicz, p. 145)

Do início, somente podemos dizer daquilo que é desvelado no primeiro instante. Mas de qual primeiro instante estamos falando? Do primeiro instante na história dos pais ou do primeiro instante da criança, a partir dela mesma? E quando isto se dá? Quando ela é fecundada ou quando vem à luz?

Quando dizemos "o bebê já nasce com uma cara", queremos nos referir ao caráter do coexistir manifesto em uma disposição afetiva do ser-um-com-o-outro daqueles que o aguardam: a mãe, o pai, ou os familiares. Assim, "bebê" é aquele recém-chegado ou recém-nascido, em quem já se depositam sonhos, projetos ou entendimentos, ou aquele que se mostrou, em seu ser-si-mesmo, de modo ainda obscuro. No entanto cabe a ele mostrar-se – a partir do seu primeiro instante, em sua própria tarefa de ser-si-mesmo –, desvelando e revelando afetos, ou peculiaridades próprias de suas disposições afetivas ainda obscuras, em seu próprio *contexto ou encadeamento de vida*.

CONSIDERAÇÕES FINAIS

A partir da rigorosa análise empreendida por Heidegger nesses dois momentos aos quais me referi – o morrer (o final) e o nascer (o início) –, podemos entender que o percurso ou *contexto/encadeamento de vida* se inicia em seu *ser-para-o-fim* e retrocede em seu *ser-desde-o-nascimento* – e que somente o ente "entre" nascimento e morte, adequadamente compreendidos, torna presente a totalidade histórica que procuramos compreender.

Em uma análise original e rigorosa, Heidegger esclarece, afirma e reafirma que o contexto ou o *encadeamento de vida* se dá a partir da temporalidade original de Dasein, que, em seu fundamento, deve ser compreendido como ser-no-mundo essencialmente aberto e lançado e sempre por se decidir em sua existência.

Nessa investigação, podemos encontrar importantes bases para o nosso entendimento interpretativo da história do Dasein em cada caso. Esse é o único caminho daseinsanalítico possível para nos debruçarmos proximamente dos "nexos e conexões" que se desvelam na trajetória humana, em cada caso.

AGRADECIMENTOS

Ao Instituto Dasein, em especial ao professor Marco Casanova, pelo convite feito à Associação Brasileira de Daseinsanalyse (ABD) para participar do IV Congresso Internacional de Psicologia Fenomenológica e Hermenêutica. Quero, ainda, parabenizá-lo pela organização de sucessivas realizações que tanto sucesso têm alcançado nos meios acadêmicos.

REFERÊNCIAS BIBLIOGRÁFICAS

BLADE Runner. Direção: Ridley Scott. Los Angeles: Warner Bros. Entertainment Inc., 1982.

CYTRYNOWICZ, M. B. *Criança e infância: fundamentos existenciais*. Portugal: Chiado Editora, 2018.

HEIDEGGER, M. *Seminários de Zollikon*. São Paulo: Escuta; ABD, 2017.

HEIDEGGER, M. *Ser e tempo*. Petrópolis: Vozes, 1988; 2012.

CRISE E CRÍTICA: CIÊNCIA E DASEINSANALYSE[1]

Maria de Fátima de Almeida Prado[2]

CRISIS AND CRITICISM: SCIENCE AND DASEINSANALYSIS

---

1 Este artigo baseia-se na minha participação na mesa da Associação Brasileira de Daseinsanalyse (ABD), juntamente a Maria Beatriz Cytrynowicz e a Marcos Colpo, no IV Congresso Internacional de Psicologia Fenomenológica e Hermenêutica organizado pelo Instituto Dasein em junho de 2021.
2 Psicóloga pela Pontifícia Universidade Católica de São Paulo (PUC-SP), daseinsanalista, membro da Associação Brasileira de Daseinsanalyse (ABD). Cotradutora do livro *Seminários de Zollikon*, de Martin Heidegger.

RESUMO

Este trabalho examina o sentido das palavras *crise* e *crítica* em meio à pandemia de covid-19, compreendendo seus vários significados e ampliando sua compreensão ao examinar sua origem no étimo grego *krinein*. Acompanhando a reflexão de Heidegger, a autora busca compreender a realidade, a concepção de ciência e, especialmente, como acessar a ciência que investiga o homem, enquanto Dasein, e as formas de ajuda necessárias a um existir mais saudável. Nesse sentido, Boss (ed.) e Heidegger (2017), nos *Seminários de Zollikon*, têm muito a contribuir.

Palavras-chave: Crítica. Ciência. Dasein. Realidade. Terapia.

ABSTRACT

This work examines the meaning of the words crisis and criticism when the coronavirus pandemic is still in force, understanding their various meanings and expanding their understanding by examining their origin in the Greek etym Krinein. Following Heidegger's reflection, the author examines how to understand the reality, the conception of science and especially, how to access the science that investigates man, as Dasein, and the forms of help necessary for his healthier existence. In this sense, Boss and Heidegger in the Zollikon Seminars have much to contribute.

Keywords: Criticism. Science. Dasein. Reality. Therapy.

Crise e *crítica* são termos que têm a mesma origem: no étimo grego *krinein*. Isso quer dizer que estão ligados à ideia de mudança súbita, momento perigoso ou difícil, situação conflituosa. Crítica também quer dizer, como aponta Heidegger nos *Seminários de Zollikon* (2017), ação ou faculdade de distinguir, decisão, separação, julgamento.

De acordo com o *Grande Dicionário Houaiss da Língua Portuguesa*, crise tem mais de doze acepções, tanto no campo da medicina como nos campos econômico e social.

Vamos tomar aqui, inicialmente, a palavra crise na acepção de momento agudo e decisivo, difícil, momento de ruptura e reflexão.

No contexto atual, falar de crise nos remete de imediato ao cenário da pandemia, no qual um vírus desorganizou completamente todo um sistema de vida nos campos social e econômico, causando, acima de tudo, perdas de vidas de modo assustador e incontrolável.

O fato de que tenhamos sido expostos em nossa fragilidade por algo tão ínfimo chama atenção. O homem, com seu conhecimento, sua tecnologia e seu poder, ficou temporariamente perplexo e impotente diante de um "microente" da natureza. A crise desencadeada pela covid-19 obrigou-nos a uma inflexão radical em nossos modos de viver e de nos relacionar.

Vimos naquele período como alguns grupos de profissionais, como os psicólogos, se organizaram para prestar atendimento aos mais necessitados em diversas modalidades de atendimento online emergenciais. Vimos diversos grupos de médicos, de professores, de profissionais da arte e da cultura lutando para proteger a população mais carente ou desinformada em relação aos riscos iminentes às suas vidas.

Penso que nunca tínhamos ouvido falar tanto sobre ciência e verdade. Havia uma incrível polêmica sobre verdade científica, valor da ciência, poder da ciência e aqueles que a negavam, os chamados negacionistas.

Será que poderemos auferir algum conhecimento ou crescimento em meio a tanta tristeza, a tanta violência e a tantas disputas? Com Heidegger, aprendemos a nos aproximar dos fenômenos de modo a procurar o que se revela naquilo que se manifesta.

A luta em favor da ciência não é nova, tampouco são novas as manipulações de toda ordem na luta pelo poder e pela verdade; para não mencionar o novo conceito de pós-verdade! Pensar o que é ciência e qual é o seu lugar foi uma das muitas contribuições de Martin Heidegger ao nosso tempo. Pensar sobre seus fundamentos é uma das tarefas mais instigantes, especialmente quando estamos imersos na situação histórica que é a nossa, com a qual estamos familiarizados e que nos desafia a um olhar crítico, aqui no sentido de bem julgar e decidir sobre.

Na conferência "Ciência e pensamento de sentido", proferida por Heidegger em 1953, encontramos a reflexão que questiona o entendimento comum de que a ciência seja um *setor* da vida cultural, entendida a palavra cultura como o espaço em que se desenvolvem as atividades espirituais e criativas do homem. Heidegger salienta que essa *não* é sua essência.

A ciência não é "mero desempenho cultural do homem. É um modo decisivo de se apresentar tudo o que é e está sendo". Portanto, determina a *realidade* na qual o homem de hoje se move e tenta sustentar-se (Heidegger, 2002, p. 39).

Neste mesmo ano, 1953, Heidegger também apresenta a conferência "A questão da técnica", em que o tema do alcance planetário da técnica, hoje inquestionável, é de uma clarividência impressionante. O vigor do pensar de Heidegger anteviu o fenômeno e demonstrou, filosoficamente, como isso se deu historicamente. As duas conferências se articulam em uma compreensão mais profunda da história do pensamento ocidental. Ele afirma:

> [...] a ciência desenvolveu um poder que não se pode encontrar em nenhum outro lugar da terra e que está em

vias de estender-se por todo o globo terrestre.

Para compreendermos o que é ciência, precisamos alcançar sua essência: "a ciência é a teoria do real".

(Heidegger, 2002, p. 40)

Esse trecho tão impactante da conferência merece ser explicitado. Heidegger esclarece que, nessa afirmação, ele está pensando na ciência moderna; ela não vale para a ciência antiga ou a medieval. No entanto essa essência tem sua origem no pensamento grego, na filosofia que vem desde Platão. O que ele propõe é um diálogo com o pensamento grego, buscando em sua origem o que a linguagem fala, revelando sentidos nem sempre óbvios. O que a palavra evoca? Talvez assim possamos encontrar a reverberação de seu sentido.

Desdobrando-se a origem de cada termo da afirmação "a ciência é a teoria do real", ouvimos o que a palavra *real* indica. Real, realidade, em alemão, *wirken*, *Wirklichkeit*, significa operar, efetivar, fazer. Esse fazer não diz respeito exclusivamente à ação humana na sua origem, mas também ao crescimento e à vigência da natureza (*physis*). Real é aquilo que vige e vigora, algo que se põe por si mesmo, o que traz à luz. É nesse sentido que é um fazer, um operar, ou seja, é o vigente.

Nas palavras de Heidegger (2002, p. 43):

> Nossa "realidade" só traduz adequadamente a palavra fundamental de Aristóteles para a vigência do vigente (*enteléquia*) se pensarmos "real" e "realizar" de modo grego, no sentido de trazer para o desencoberto, de conduzir para a vigência.

Os romanos (como Cícero) traduziram, pensaram a vigência no sentido próprio e supremo da palavra *ergon*, *energeia*, como *actio*, entendida como *operatio*:

> O que sucede a uma *actio*, é o sucedido. O real é, agora, o sucedido, tanto no sentido do que aconteceu, como, no sentido do que tem êxito (sucesso). Todo sucesso, sucedido é produzido por algo que o antecede, a causa. É então que o real aparece à luz da causalidade da causa *efficiens*. (Heidegger, 2002, p. 43)

A partir dessa compreensão, a sucessividade se desloca para o primeiro plano, assim como a sucessão temporal. Na física moderna, com Heisenberg, o problema causal se reduz à pura medição do tempo compreendido como sucessão de "agoras". O que se passa é que a realidade é efeito de um fazer, isto é, de um fato. "A expressão 'de fato', indica hoje em dia, uma certeza e significa 'certo', 'seguro'" (Heidegger, 2002, p. 44).

No início da idade moderna, com Descartes, a palavra "real" assume o sentido de "certo", de objetividade, de efetividade. Assim, o real se mostra como algo objetivo; aquilo que, como "ob-jeto", (*Gegen-stand*) nos confronta como sujeitos.

Para apreendermos como a objetividade se manifesta e como o real se torna objeto de representação (pelo sujeito), é preciso ouvir o que dizem as palavras iniciais de Heidegger (2002, p. 40): "a ciência é a teoria do real", ou seja, a teoria. E o que quer dizer teoria? "Teoria provém do verbo grego *theorein*, e o substantivo teoria, quer dizer: 'visualizar a fisionomia (*Eidos*) em que aparece o vigente, vê-lo e por esta visão ficar sendo com ele'".

Para os gregos, a teoria em si mesma constitui a forma suprema dos modos de ser e de se realizar do homem: o pensamento. Na palavra teoria, os gregos ouviam também seu étimo *theá*, a deusa. *Alethea* é a deusa que se apresenta a Parmênides, a verdade, no latim, *veritas*. Teoria, assim pensada, significa "a visão protetora da verdade" como "consideração respeitosa da re-velação do vigente em sua vigência" (Heidegger, 2002, p. 45).

Os latinos traduziram teoria para *contemplatio*; os alemães, para observação. A teoria é a observação do real. A palavra observação tem o sentido de consideração, concentração religiosa. No entanto, na palavra alemã para observação, *Betrachtung*, aparece o sentido de *trachten* (em latim, *tractare*) – tratar, empenhar-se, trabalhar, esforço. Nesse sentido, a teoria estaria contrariamente à sua essência (no sentido de pura contemplação do que vige), visando a apoderar-se ou assegurar-se do real.

Segundo Heidegger (2002, p. 48):

> A ciência põe o real. E o dis-põe a propor-se num conjunto de operações e processamentos, isto é, numa sequência de causas aduzidas que se podem prever. Desta maneira, o real pode ser previsível e tornar-se perseguido em suas consequências.

O cientista, físico e matemático Max Planck chega a afirmar que só o que pode ser medido é real. Heidegger pergunta: por quê? Como medir a tristeza, a dor, a angústia e o medo?

Na obra *Seminários de Zollikon*, Heidegger (2017) também dedica especial atenção à ciência, destacando seus fundamentos, suas diferentes acepções ao longo da história da filosofia. Ele dá ênfase ao significado de *método* para as ciências, não com o sentido de um conjunto de procedimentos, mas, justamente, no sentido grego de *meta odos* – caminho para. Método, enquanto caminho, determina o real, definindo seus campos de objeto de estudo e interesse. Descartes, em sua obra *Discurso sobre o método*, foi o primeiro a descrever o método no sentido moderno usado na ciência. Desde então, o real é o objetivo para o sujeito que o representa:

> Método significa o caminho no qual o caráter do campo a ser conhecido é aberto e limitado. Isso significa: a natureza é colocada de antemão como objeto e somente como objeto de uma previsibilidade universal. A veritas rerum (itálico?), a verdade das coisas, é veritas objectorum (itálico?), verdade no sentido da objetividade dos objetos, não a verdade como coisidade das coisas presentes por si. (Heidegger, 2017, pp. 122-23)

Ao se dirigir aos médicos, aos psiquiatras, aos cientistas com um campo de objeto tão particular como o Dasein, o filósofo aponta para o paradoxo de transportarem, de usarem um método aplicável aos objetos inanimados da física para o homem, no campo da psiquiatria. Ele enfatiza, portanto, a necessidade de se repensar os fundamentos do agir médico, buscando um método próprio ao modo de ser de Dasein, tão singular e destacado quando comparado com entes que não têm o caráter de Dasein.

A ciência não pensa sobre seus próprios fundamentos; esse não é seu papel. A filosofia, sim, deve pensar sobre os fundamentos, e ela aponta para a falta de reflexão própria da ciência.

Heidegger é visto por muitos como hostil à ciência, e entende-se que seria um pessimista ou um poeta saudoso da origem grega, como se fosse possível retornar ao passado remoto. Nos *Seminários em Zollikon*, Heidegger (2017) responde a essas críticas e esclarece que não se trata de hostilidade à ciência. Isso seria até ingênuo, uma vez que todo esse caminho do pensamento não é uma manobra humana, mas um acontecer histórico como envio do ser. Heidegger convida os médicos a pensarem sobre o âmbito das ciências da natureza e o do cuidado com os homens, o cuidado com o Dasein. O existir humano ultrapassa os limites definidos pelo método científico como um objeto, entre outros, de estudo. A psicologia, a história, a medicina, entendidas como campos da ciência, têm, em si, o seu fundamento no pensamento metafísico que visa ao controle e à previsibilidade, os fundamentos da ciência, a teoria do real. Medir, contar, prever, controlar são os objetivos do conhecimento.

Se compreendemos o humano como Dasein, precisamos, de início, abrir mão da pretensão desmedida da ciência. A Daseinsanalyse é a superação da dicotomia entre real e ideal, entre sujeito e objeto, entre imanência e transcendência. As questões pensadas por Heidegger desde a obra *Ser e tempo* (2006) buscam responder à questão sobre o que quer dizer ser, e, nesse caminho, o filósofo investiga o ente que faz essa pergunta na busca de um fio condutor. Ao descrever as características do Dasein, Heidegger permite aos psiquiatras – como Binswanger, Boss, von Gebsattel, entre outros – aproximarem suas inquietações com a medicina psiquiátrica e psicanalítica tradicionais e ousarem pensar uma medicina fundamentada na Daseinsanalyse. Binswanger fez sua Daseinsanalyse psiquiátrica, criticada por Heidegger (2017), explicitamente, nos *Seminários de Zollikon*. Binswanger teria compreendido mal o sentido ontológico do conceito de *Sorge* (cura ou cuidado) como algo sombrio e carente do sentimento de amor. Heidegger esclarece que, como instância ontológica, o cuidado diz respeito a todas as possibilidades de relacionamento humano, inclusive o amor, a indiferença ou o ódio.

Boss viu, desde suas primeiras leituras de *Ser e tempo*, que Heidegger (2017) descreve de modo brilhante o relacionamento entre médico e paciente no parágrafo 26 de *Ser e tempo* – o cuidado *antecipador*, a preocupação que não *substitui* o outro, e, sim, o ajuda a tornar-se livre e transparente a si mesmo.

Interessado em aprofundar seu entendimento do pensamento de Heidegger, Boss lhe escreve, pedindo sua ajuda e, para sua surpresa, recebe uma resposta amável do filósofo, dizendo que os leitores cuidadosos são mais confiáveis. Dessa primeira correspondência nasce uma amizade duradoura e frutífera. Os *Seminários de Zollikon* são um dos frutos dessa relação.

Heidegger realiza um grande esforço, inaudito até então, sendo desconhecida de muitos sua conexão com a aplicação prática do seu pensamento no campo da psiquiatria. Sabemos por meio de suas biografias escritas por Petzet e Hugo Ott que Heidegger foi atendido por von Gebsattel após uma crise nervosa ao final da Segunda Guerra. Seu comentário a Petzet sobre sua relação com Gebsattel diz que ele o ajudou como ser humano, caminhando com ele pelas encostas nevadas da montanha Blauen, na Floresta Negra. Hugo Ott contesta que tenha sido apenas isso e que as conversas entre os dois teriam ocorrido por mais tempo do que as três semanas relatadas por Heidegger. O que nos importa é que Heidegger experiencia uma oportunidade concreta de ajuda médica.

Em 1947, logo após essa crise, Heidegger começa a correspondência com Boss. Em uma das primeiras cartas ele menciona o psiquiatra Gebsattel e, inclusive, pede autorização para enviar-lhe o livro que Boss mandara junto ao seu pedido de ajuda: *Significado e conteúdo das perversões sexuais: uma contribuição daseinsanalítica para a psicopatologia do fenômeno do amor*.[3]

As primeiras cartas atestam o interesse mútuo que cresce e leva Heidegger a Zurique, na Suíça, quando as fronteiras se abrem e os primeiros seminários para os médicos acontecem, inicialmente na Clínica BurghIölzli, na Universidade de Zurique e, depois, na casa de Boss, em Zollikon. Também a relação com o amigo Boss certamente contribuiu para o interesse de Heidegger pela psiquiatria. Tempos depois, ele diria que teve esperanças de que seus *insights* pudessem ajudar pessoas que sofrem sem ficarem restritas aos pensadores acadêmicos.

A Daseinsanalyse clínica nasce desses seminários que também deram origem ao livro *Fundamentos para a Medicina e Psicologia*, de Medard Boss (1971) – acompanhado por Heidegger à medida em que era escrito, conforme lemos na correspondência publicada nos *Seminários de Zollikon*. Desde então, a Daseinsanalyse clínica vem se desenvolvendo como uma prática terapêutica que se distingue de todas as outras, uma vez que está fundada na ontologia fundamental de Martin Heidegger.

Nos seminários dirigidos aos médicos, Heidegger os convida a outro pensar. Como médicos ou psicólogos, temos, como base para nosso agir, uma formação científica. Se a ciência é a teoria do real, qual recorte fazemos para definir nosso objeto de estudo? Quem, como e o que é o homem com o qual lidamos, com o qual nos deparamos no sofrimento mental e psíquico? O que é o

---

3   Título em inglês: *Heidegger's Breakdown: Health and Healing under the Care of Dr. V E von Gebsattel*, de Andrew J. Mitchell.

psíquico? É possível uma Daseinsanalyse clínica fundada na ontologia fundamental?

Ao instruir os médicos, Heidegger diz, textualmente, que não pretende transformá-los em filósofos, mas que questionar a base de seus conhecimentos é necessário. Ao descrever a constituição do real como um processo histórico do pensar metafísico, e de sua pretensão como a única verdade, o filósofo provoca diversas reações, questionando como, então, deveriam proceder. São dez anos de diálogos, de questionamentos, de aprendizagem para um novo pensar.

No ano de 1965, Heidegger desenvolve uma série de seminários em que esclarece por que não se trata de hostilidade à ciência e faz sua *crítica*, no sentido positivo do termo, como diferenciação da ciência:

> [...] a palavra crítica provém do grego crinein (não tem que ser em itálico?), que significa diferenciar, realçar. A verdadeira crítica não é criticar no sentido de apontar falhas, repreender, depreciar. Crítica como diferenciação significa: deixar ver o diferente como tal em sua diferença. [....]. A verdadeira crítica, como este deixar ver, é algo eminentemente positivo. Por isso, a verdadeira crítica é rara. *(Heidegger, 2017, p. 97)*

A ciência como tal não é rejeitada, de nenhuma maneira. Só a sua pretensão ao absoluto, a ser o parâmetro de todas as verdades é julgada pretensiosa.

É necessária, portanto, a diferenciação entre o método das ciências da natureza, marcado pela ambição de controle e de previsibilidade, e o método que Heidegger propõe chamar de "envolver-se".

> O envolver-se é um caminho inteiramente diferente,
> um método muito diferente do método científico, se
> soubermos usar a palavra método em seu sentido original,
> verdadeiro *meta odos*, o caminho para. A esse respeito, é
> preciso afastar-se do conceito de método como simples
> técnica de pesquisa, como entendido no método científico.

Se quisermos pensar uma ciência capaz de ajudar o Dasein, pois ele está sempre em risco de perder-se, precisamos encontrar um caminho que nos leve para além da mensurabilidade e previsibilidade. A fenomenologia, diz Heidegger (2017, p. 210), "é uma ciência mais científica do que as ciências naturais, se tomarmos seu sentido original de saber". Para Galilei, a natureza foi tomada como conexão ininterrupta de pontos de massa. Para a Daseinsanalyse:

> [...] trata-se de algo muito mais difícil, pois o fator
> decisivo é a questionabilidade do homem e de seu
> poder existir no mundo contemporâneo. Aquilo que
> em psicologia se chama de anseio, do ponto de vista
> do Dasein acontece no âmbito do cuidado e, do ponto
> de vista ôntico, no âmbito do trabalhar, tomando-se
> trabalhar no seu sentido mais amplo.

Dasein exige do terapeuta "o mais difícil". De acordo com Heidegger (2017 p. 220):

> [...] a passagem do projeto do homem como ente
> vivo dotado de razão para ser-homem como Dasein.
> [...]. O deixar-ser do ente (homem) à luz do Dasein é
> extremamente difícil e insólito, não somente para o

cientista de hoje, mas também para aquele que está familiarizado com o projeto do Dasein, devendo ser constantemente examinado de novo.

Nessa passagem, Heidegger alerta para o perigo da simplificação que pode obnubilar a visão para a diferença ontológica. Precisamos manter constantemente o olhar para nosso ser como Dasein; nosso fazer como daseinsanalistas exige que nos apropriemos da nossa condição de Dasein (ser-no-mundo), não de modo teórico, assim como de nossos pacientes (não objetificados), isto é, todo existir deve ser entendido com base nessa compreensão: como seres-no--mundo. No entanto isso tem sido difícil e mal interpretado, ao longo de décadas, como um fato, uma ocorrência entre outras no ambiente. Ser-no-mundo = entes no ambiente.

A Daseinsanalyse clínica se encontra, tantos anos depois desses encontros, diante das mesmas dificuldades ou, talvez, ainda mais intensificadas, dado o avanço tecnológico e suas implicações em nosso modo de ser. Por um lado, o avanço tecnológico produz leveza, conforto, segurança. Por outro lado, não vemos em nossos consultórios a correspondente leveza; pelo contrário, somos uma sociedade adoecida e falamos, já há algum tempo, de epidemia de doença mental. A quantidade de pessoas medicadas com antidepressivos e ansiolíticos, que já era enorme, só aumentou na pandemia. Frente ao paradoxo entre avanço científico-tecnológico e sofrimento humano, encontramos no pensamento heideggeriano um caminho de compreensão que fundamenta nosso fazer enquanto terapeutas.

Tal fazer consiste em um olhar cuidadoso para cada Dasein singular, em cada encontro terapêutico, atento ao dizer que, como linguagem, mostra, verbalmente ou não, buscando o sentido daquela existência, nas condições nas quais está lançado, diante de possibilidades abertas ou não, compartilhando sua experiência e sua história. Essa solicitude aberta pode encontrar (ou não) uma disposição favorável no outro, capaz de confiando, trilhar o caminho ao encontro de si mesmo. Nesse sentido, o espaço da terapia é um lugar habitado pelo terapeuta que convida o outro a aproximar-se do próprio habitar, no sentido de encontrar a morada, o abrigo para sua decisão sobre o próprio poder-ser mais autêntico.

A Daseinsanalyse encontra-se no caminho, como método fenomenológico de envolver-se com o que encontra, sempre incompleta, sempre em construção. Esse construir é o que permite o habitar, o morar na condição de mortais que somos. Buscar a serena atitude diante dos desafios lançados em tempos de crise requer o pensar que medita, e não apenas agarra o real a fim de dele se apoderar com vistas ao controle e à previsibilidade. Em inúmeras passagens do livro *Seminários de Zollikon* (Heidegger, 2017), encontramos o alimento e o convite para tal pensar, para tal reflexão. Escolho, para finalizar este texto, uma passagem muitas vezes citada, por ser absolutamente essencial:

> Vivemos em uma época estranha, singular e inquietante. Quanto mais a quantidade de informações aumenta de modo desenfreado, tanto mais decididamente se amplia o ofuscamento e a cegueira diante dos fenômenos. Mais ainda, quanto mais desmedida a informação, tanto menor a capacidade de compreender o quanto o pensar moderno torna-se cada vez mais cego e transforma-se num calcular sem visão, cuja única chance é contar com o efeito e, possivelmente, com a sensação. No entanto, há ainda alguns que conseguem experienciar que o pensar (*denken*) não é um calcular, mas sim um agradecer (*danken*), visto que o pensar é devedor (*verdankt*) a isso. Ele agradece

> aceitando, ficando à mercê da exigência do estado de abertura: o ente é e não nada. Neste "é" a linguagem não falada do ser fala ao homem, cuja distinção e estado de ameaça baseiam-se em estar aberto de múltiplos modos para o ente como ente. (Heidegger, 2017, p. 95)

Nossa crise atual, pandêmica, política e social requer um pensamento crítico para o qual seremos incapazes se não renunciarmos a nossa pretensão de dominar de tudo que há. A Daseinsanalyse, como esboçada por Boss e Heidegger, partindo de uma ontologia fundamental, permite pensar o fazer ôntico do terapeuta sob uma ética profunda e necessária. Esse fazer ético permite tornar livre para seu poder-ser um outro que compartilhe sua história, suas crises, suas dificuldades, para, juntos, habitarmos como mortais uma morada na Terra.

REFERÊNCIAS BIBLIOGRÁFICAS

HEIDEGGER, M. *Ensaios e conferências*. Petrópolis: Vozes, 2002.

HEIDEGGER, M. *Ser e tempo*. Petrópolis: Vozes, 2006.

HEIDEGGER, M. *Seminários de Zollikon*. 3. ed. rev. São Paulo: Escuta; ABD, 2017.

HOUAISS, A.; VILLAR, M. S. *Grande dicionário Houaiss da língua portuguesa*. Rio de Janeiro: Objetiva, 2008.

A POSSIBILIDADE DE RESSIGNIFICAÇÃO DO MUNDO A PARTIR DA CONTAÇÃO DE HISTÓRIAS E DO BRINCAR PARA CRIANÇAS: UMA APROXIMAÇÃO DASEINSANALÍTICA[1]

Tania Terpins[2]

THE POSSIBILITY OF RE-SIGNIFYING THE WORLD THROUGH STORYTELLING AND PLAY FOR CHILDREN: A DASEINSANALYTIC APPROACH

---

1   Este artigo foi apresentado na Associação Brasileira de Daseinsanalyse (ABD) para finalização do Processo de Formação de Daseinsanalista.

2   Psicóloga pela Pontifícia Universidade Católica de São Paulo (PUC-SP), daseinsanalista, membro da Associação Brasileira de Daseinsanalyse (ABD) e coordenadora pedagógica na área de educação infantil.

RESUMO

Este artigo surgiu a partir de uma palestra on-line realizada durante a pandemia de covid-19 para educadores de uma escola na cidade de São Paulo. Por meio da contação de histórias e do uso de materiais de largo alcance, o adulto pode convidar as crianças para a possibilidade de ressignificação do mundo, ampliando os processos criativos e sua compreensão. Essa interação cuidadosa, neste trabalho, está exemplificada e focada tanto no ambiente escolar como na prática clínica, no âmbito da perspectiva daseinsanalítica. No entanto acredito que possa contribuir também para outras trocas lúdicas entre adultos e crianças, cujo foco esteja no cuidado com elas.

Palavras-chave: Infância. Criança. Daseinsanalyse. Histórias. Brincar. Escola. Educação infantil. Clínica.

ABSTRACT

This article originated from an online lecture held during the covid-19 pandemic for educators from a school in the city of São Paulo. Through storytelling and the use of open-ended materials, adults can invite children to the possibility of re-signifying the world, expanding creative processes and its understanding. This caring interaction, in this work, is exemplified and focused both in the school environment and in the clinical practice within the perspective of Daseinsanalysis. However, I believe it can contribute to other playful exchanges between adults and children, where the focus is on the care for them.

Keywords: Childhood. Child. Daseinsanalysis. Storytelling. Play. School. Early childhood education. Clinic.

Sou profundamente apaixonada por contar histórias para crianças, prática à qual venho me dedicando há alguns anos. Entretanto nunca fiz um curso formal sobre o assunto, apenas um *workshop* com a Cia Truks de teatro.[3] Via de regra, utilizo objetos de largo alcance, como sucata ou elementos naturais, que se transformam em instrumentos para apresentação de personagens.

Começo trazendo a leitura do psicólogo e mestre João Augusto Pompéia (2004):

> No compartilhar a angústia, que se origina do estar lançado para além do real, portanto, perigosamente lançado no vazio, onde não há nada que me assuste, a presença do outro me ajuda a me sustentar, mesmo que eu saiba que ele também caminha sobre o vazio de algo que não se sustenta em lugar algum. Nós nos sustentamos, nós os homens. Da nossa sustentação fazemos nosso sustento, como condição especial do ente que somos.
> A presença do outro serve sempre de compreensão, ela se põe não como negação, mas como algo que equilibra. Quando estou muito doído e compartilho isso com alguém, esse alguém, de fora da minha dor, pode compreendê-la porque abarca a minha dor. Compreender significa também abarcar. Ele contém – con-tém –, ele tem junto a minha dor. Ela não dói nele como em mim, mas é justamente por isso que ele pode contê-la, consumi-la junto, dividir a posse da dor comigo.

---

3   Criada em 1990, essa companhia de teatro desenvolveu uma linguagem própria de ressignificação e animação de objetos do cotidiano (Disponível em: https://www.truks.com.br).

> E quando vivo um momento de alegria, na brincadeira, a presença do outro é como uma confirmação do direito que eu tenho de me alegrar com coisa alguma - sim, com coisa alguma, porque isso que me alegra tanto na brincadeira é sempre um nada. Mas o testemunho do outro não me deixa esse nada ficar vazio, ele o preenche com a totalidade dos sonhos que penetram nesse nada quando brinco com o outro. São extremamente ricos e significativos os momentos em que compartilhamos a vida dessa forma. (Pompéia, 2004, p. 233)

Complemento citando a psicóloga e mestre Maria Beatriz Cytrynowicz (2018, p. 117): "*brincar e brincadeira* vêm do latim *vinculum* [...] na origem, *brincar* significa ligar, fazer ligações, prender, encantar, enredar".

A partir dessa compreensão, proponho adentrarmos em uma reflexão sobre histórias que fazem parte do mundo da imaginação e que nos convidam para o brincar. Elas são fundamentais à da nossa educação, e transcendem épocas, culturas, fronteiras, fazendo parte de nossa vida cotidiana. A experiência do mundo da fantasia, à medida que crescemos, nos ajuda a entrar em contato com o nosso futuro mais autêntico.

Quando considerei a possibilidade de estar aqui, conversando com vocês, criei uma ideia de como seria meu dia (fazendo um *log in*), bem como dos rostos que estariam olhando para mim, dos sentimentos que poderiam me tomar, do que eu diria. Eu criei tudo em minha mente. Usei como referência minhas últimas reuniões, minha ideia do *layout* do Zoom, ou seja, o meu repertório.

Sempre avançamos em direção ao futuro por meio da nossa imaginação; lembrem-se de que o futuro ainda não aconteceu.

Ainda assim, não avançamos aleatoriamente ou sem qualquer conhecimento e, quanto mais amplo for nosso repertório, maiores serão nossas chances de visualizar um futuro mais amplo e, assim, criar confiança para nos lançarmos no desconhecido. Ler ou contar histórias na educação infantil é fundamental para ampliar a compreensão do mundo pelas crianças. Atitudes, sentimentos, relacionamentos, linguagem e muito mais podem ser contemplados num mundo onde tudo é possível: nas histórias. Precisamos permitir aos ouvintes dessas histórias inúmeras possibilidades, para que eles possam mover-se na direção de um futuro mais autêntico, de maneira gratificante.

POR QUE USAMOS OBJETOS DE LARGO ALCANCE?

Os objetos ou materiais de largo alcance são, já em si mesmos, ampliados no seu entendimento e podem falar de uma possibilidade de significação muito mais aberta. Todo objeto tem essa potência a partir do olhar e da referência do Dasein; no entanto, quando apresentamos sucata ou materiais naturais, convidamos a criança a um estranhamento que convida ao novo, a uma apropriação singular de sentido do que se apresenta.

Figura 1: Compilado de imagens exemplificando objetos de largo alcance.
Fonte: Disponível em: http://www.pixabay.com.

Podemos começar pensando na função social e sustentável de escolher sucata ou elementos naturais para contar histórias, como no exemplo significativo do Centro Remida, parte da Fundação Loris Malaguzzi:

> Remida é um lugar que promove a ideia de que os resíduos podem ser recursos. O Centro Remida coleta, exibe e distribui materiais alternativos e recuperados obtidos a partir do estoque não vendido e de materiais de sucata da produção industrial, com o objetivo de reinventar seu uso e significado.
> Remida é um projeto cultural que representa uma maneira nova, otimista e pró-ativa de abordar o ambientalismo e

construir mudanças por meio da valorização de materiais rejeitados, produtos imperfeitos e objetos inúteis para promover novas oportunidades de comunicação e criatividade em uma perspectiva de respeito aos objetos, o ambiente e os seres humanos.

Remida é um projeto conjunto dos Infant-toddler Centres and Preschools Istituzione of the Municipality of Reggio Emilia and Iren/ENIA. O centro é administrado pela Friends of Reggio Children International Association, agora fundida na Reggio Children-Loris Malaguzzi Centre Foundation.

O Centro distribui materiais (papel, papelão, cerâmica, tintas, cordões, couro, borracha, madeira etc.) para professores de centros de crianças e pré-escolas, escolas elementares, intermediárias e secundárias, bem como para instituições educacionais e culturais, associações, centros de idosos, oficinas protegidas para os deficientes, centros de recreação, e assim por diante.

(Remida, 2018, tradução nossa)[4]

---

4   No original: *Remida is a place that promotes the idea that waste materials can be resources. The Centre collects, displays, and distributes alternative and reclaimed materials obtained from the unsold stock and scrap materials of industrial production, with the aim to reinvent their use and meaning.*

Remida is a cultural project that represents a new, optimistic, and proactive way of approaching environmentalism and building change through giving value to reject materials, imperfect products, and otherwise worthless objects, to foster new opportunities for communication and creativity in a perspective of respect for objects, the environment, and human beings.

Remida is a joint project of the Infant-toddler Centres and Preschools Istituzione of the Municipality of Reggio Emilia and Iren/ENIA. The center is managed by the Friends of Reggio Children International Association, now merged into the Reggio Children-Loris Malaguzzi Centre Foundation.

Nesse exemplo, a atitude das escolas pode afetar a maneira como as indústrias consideram suas sobras de produção, seu lixo. Agora, imaginem o impacto dessa proposta no meio ambiente e o significado emocional para as pessoas que trabalham nessas indústrias. Do ponto de vista das crianças, podemos pensar em um adulto que valoriza o que literalmente cai no chão, o que é geralmente descartado. Ele não apenas valida o objeto, mas também transforma o que é considerado lixo. No momento em que o adulto apresenta a ressignificação de objetos, convida a criança à possibilidade de não aceitar o mundo de maneira passiva. Tudo pode ser ressignificado, tudo tem potencial de ser transformado e, mais importante, de ser apropriado pela criatividade. Lixo ou natureza não têm custos monetários e podem ser propriedade de qualquer pessoa em qualquer condição social. No entanto leva-se tempo para a dedicação de investigação e exige-se abertura para possibilidades.

The Centre distributes materials (paper, cardboard, ceramic, paints, cord, leather, rubber, wood, and so on) to teachers of infant-toddler centers and preschools, elementary, middle, and secondary schools, as well as to educational and cultural associations, senior citizens' centers, sheltered workshops for the disabled, recreation centers, and so on.

Figura 2: Compilado de imagens de crianças explorando materiais de largo alcance no contexto escolar.

Fonte: Imagens cedidas do arquivo pessoal da autora.

COMO ESCOLHER OS MATERIAIS?

Eu já passei por dois caminhos em relação à escolha de materiais. Às vezes, o próprio objeto "me chama" para algo e "me diz" o que quer se tornar; outras vezes, e isso acontece com maior frequência, proponho-me a contar certa história e começo a procurar objetos que me remetam aos personagens.

Figura 3: Exemplo de objetos de largo alcance representando os três porquinhos e o lobo.
Fonte: Foto de Andrés Otero.

No exemplo da Figura 3, o lobo é enorme, bufa e sopra – como a enorme garrafa e o som poderoso que produz quando a sopro. Os porcos são cor-de-rosa e pequenos – como as cápsulas de café.

Esse processo de escolha foi bastante aprimorado em minha experiência junto à Cia Truks de teatro, com Henrique Sitchin, coordenador, diretor e mestre na arte de contar histórias com objetos. Segundo ele, cada personagem tem algo que o caracteriza prioritariamente, que pode ser imediatamente identificado como uma referência a ele – cor, tamanho, ruído, atitudes, simbologia coletiva etc. No exemplo da Figura 4, para representar um tatu e sua carapaça, uso tiaras conectadas.

Figura 4: Exemplo de objeto de largo alcance representando um tatu.
Fonte: Foto de Andrés Otero.

Figura 5: Exemplo de objeto de largo alcance representando um tubarão.
Fonte: Foto de Andrés Otero.

Figura 6: Exemplo de objeto de largo alcance representando uma bruxa com nariz adunco.
Fonte: Foto de Andrés Otero.

Figura 7: Exemplo de objetos de largo alcance representando um gato com sua cauda (cachecol) e olhos (botões).
Fonte: Foto de Andrés Otero.

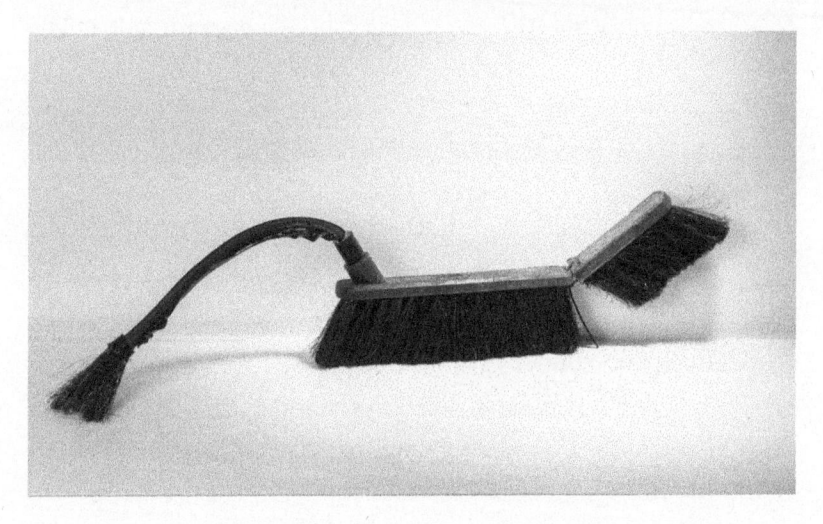

Figura 8: Exemplo de objetos de largo alcance representando um cachorro.
Fonte: Foto de Andrés Otero.

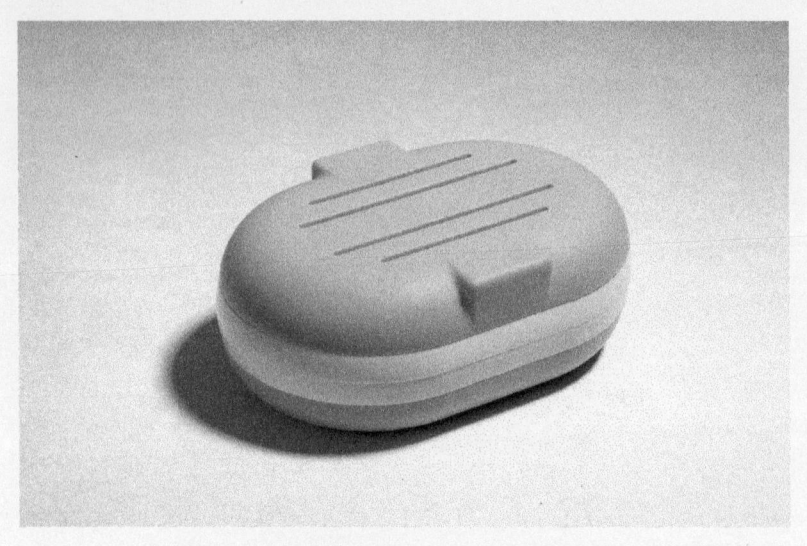

Figura 9: Exemplo de objeto de largo alcance (saboneteira) representando um porco.
Fonte: Foto de Andrés Otero.

Uma saboneteira cor-de-rosa, em uma das minhas histórias, é imediatamente identificada pelas crianças como um porco (sua forma oval/arredondada também ajuda).

O que me encanta são as inúmeras possibilidades criativas e a compreensão de que cada criança está criando o próprio porquinho em sua imaginação. Em outras palavras, as crianças estão elaborando um repertório e expandindo suas possibilidades criativas. Dou um certo tom, uma voz característica ou, no exemplo do porco, uma cor – mas é a criança que cria suas expressões, no rosto e no corpo. Enquanto conto essa história, posso imaginar personagens diferentes sendo criados pelas crianças em seu imaginário a partir de uma saboneteira, porém, para isso, elas precisam do convite de um adulto realmente presente, brincando com vozes e expressões.

Sir Ken Robinson define a criatividade como "o processo de ter ideias originais que tenham valor" (Robinson, 2009, capítulo 3, tradução nossa).[5] A criatividade costuma ser associada às artes, mas um zelador, um neurologista, um construtor ou um empresário também podem ser criativos?

Ao convidar as crianças constantemente a ressignificar objetos, estamos tentando promover ideias originais, criar algo a partir do que elas puderem encontrar. Contudo, para que seja um processo criativo, é preciso que tenha valor, que signifique algo.

Figura 10: Exemplo de objetos de largo alcance (corneta) representando um elefante.
Fonte: Foto de Andrés Otero.

---

5   No original: *"The process of having original ideas that have value"*.

Tenho uma corneta amarela enorme e insisto que é um elefante. As crianças costumam me dizer que é uma girafa: "É claro que é uma girafa; é longa, amarela... esse é o formato de uma girafa!". Eu tenho que pintá-la de cinza, se quiser que ela remeta a um elefante. As crianças me ensinam que, às vezes, o que *eu* imagino como uma característica nem sempre coincide com o que geralmente é percebido por elas. Elas me mobilizam no meu processo criativo, abrem minha perspectiva. Voltando ao Sir Ken Robinson: para que seja criativo, tem que ter valor. Valor em educação pode significar expressar emoções, sentimentos, ideias, ou fazer conexões significativas.

Figura 11: O Sol.
Fonte: Imagem cedida do arquivo pessoal da autora.

Uma criança que ajudei a usar um cortador de maçã me disse: "parece um sol!" – ou seja, ela ressignificou a maçã cortada, tornando a experiência muito mais rica. A maçã ganhou um sabor melhor, pois a criança a transformou em algo, para ela, muito mais pessoal, e ao mesmo tempo, transcendendo o objeto.

Antes de adotar uma abordagem mais prática sobre o contar histórias, eu gostaria de abordar a situação que vivemos quando as escolas estavam fechadas durante a pandemia de covid-19, com os educadores de pré-escolas tendo que gravar atividades e propostas para os seus alunos.

Faço, aqui, referência a um homem que sempre procuro em busca de inspiração na lida com crianças pelo meio televisivo (tema tão complexo), o apresentador de programas infantis (algo tão delicado e tão massificado) Mr. Rogers.[6] Ele sempre manteve postura calma e transpareceu enorme liberdade nas suas interações.

O que me chama mais atenção – e que, acredito, possa ajudar a todos educadores – é a postura desse apresentador ao não se apressar, ao permitir-se cometer erros. Um aspecto importante que quero enfatizar é que parecia ser capaz de visualizar a criança do outro lado da câmera. Acredito que isso foi muito desafiador para educadores de pré-escolas, pessoas que vivem de interações cheias de contato e experimentações. Professores, especialmente os da Educação infantil, prosperam através das reações, comentários e vozes infantis, da afetividade das crianças. Eles têm que criar interações e supor reações, nesse contexto, em sua própria imaginação, concebendo em suas mentes um futuro em que essas crianças ouvem, veem e gostam de suas presenças em suas casas. Eles têm que fazer de conta, assim como o Mr. Rogers fazia.

---

6   Fred McFeely Rogers (Latrobe, Pennsylvania, 20 de março de 1928 – Pittsburgh, 27 de fevereiro de 2003), mais conhecido por Fred Rogers ou Mr Rogers, foi um pedagogo, artista norte-americano e ministro da Igreja Presbiteriana, que se notabilizou autor de letras para canções educativas e apresentador de programas de TV e infantojuvenis, como o *Rogers' Neighborhood*, produzido de 1968 a 2001. Disponível em: https://pt.wikipedia.org/wiki/Fred_Rogers. Acesso em: 13 maio 2020.

Agora vamos nos aprofundar no processo de contar histórias com objetos. Eu recomendo um documentário chamado *Being Elmo: a Puppeteer's Journey*,[7] sobre o homem que há tantos anos manipula o Elmo, amado personagem da *Sesame Street*:[8] Kevin Clash. Nesse filme, ele apresenta, por exemplo, um "fantoche morto". Mesmo que eu abra e feche a boca de um boneco, se ele não apresentar movimento, não há vida. Movimento é vida.

Observem e experimentem suas mãos na manipulação de um fantoche ou objeto. Como vocês representariam o medo? Tremendo? Recuando? Colocando o fantoche em um canto? Como vocês representariam alegria? Saltando, fazendo uma onda? Aqueles com formação em dança podem se beneficiar do uso do corpo como referência para expressar emoções.

O documentário *Pina*, sobre a coreógrafa Pina Bausch, fala sobre como expressar emoções por meio do movimento, há uma impressionante expressão de alegria documentada. Outra referência é o grupo de teatro suíço Mummenschanz, com o uso experimental de adereços e exploração dos movimentos. Podemos citar, ainda, o exemplo grandioso do cinema mudo, Chaplin, com sua dança dos pãezinhos ou seu andar de "vagabundo" – o qual, já ouvi falar, estaria associado a ter que usar sapatos que não lhe cabiam apropriadamente.

Henrique Sitchin, da Cia Truks, citou, em uma conversa informal, o que chamou de "movimento interno", no qual as emoções do

---

7   Sem tradução para o português.
8   *Sesame Street* (no Brasil chamava Vila Sésamo; em Portugal, Rua Sésamo, 1969-2015) é uma série de televisão educativa estadunidense para crianças que combinava *live-action*, comédia de esquetes, animação e marionetes.

manipulador podem ser emprestadas ao objeto/boneco/personagem, trazendo maior intencionalidade ao que se quer passar.

No entanto, para que tudo isso aconteça, faz-se necessário estar presente no momento. Por exemplo, quando contei a história de um coelho, eu estava falando com um pedaço de algodão. Caso eu fosse interrompida, eu me desculparia com ele: "Com licença, coelho, querem falar comigo". Caso esteja contando uma história, se escolho interagir com o personagem, preciso considerar que existe uma pessoa/um animal lá. Este, devo dizer, tem vida própria.

Faz-se importante investigar o personagem e permitir que ele tome nossa mão, nossa voz, nossa mente e nosso coração. O porco da casa de palha, por exemplo, realmente precisa brincar, e eu posso entender esse sentimento, quando simplesmente não se quer trabalhar. Como construir uma casa muito rápido usando palha, só para resolver a tarefa. Isso, ao ter que realizar algo em que não enxerga sentido para se dedicar com afinco.

Qual é a motivação do personagem? O que ele quer? Pode-se optar por contar uma história, interagindo *com* um personagem ou *sendo* um personagem. Caso se estejam usando óculos, por exemplo, como objeto de representação, é essencial aguardar até usá-los para adentrar na voz desse personagem; não há pressa. O personagem está ligado ao objeto e, seja qual for a escolha, deve haver um comprometimento expresso nas vozes e nas expressões faciais.

As crianças sabem quem está realmente brincando. Permitir-se ser *algo*, esquecer de si e deixar o personagem assumir a fala e a personalidade nas suas ações será convidativo para a criança sob seus cuidados. No entanto, em momento algum, a criança é esquecida. Suas interações durante a história, assim como o contexto em que ela vive, devem ter relevância para cada escolha que o adulto faz, seja do tema, do personagem ou da evolução da história:

Estas considerações apontam para a importância do cuidado responsável dos adultos próximos, que serve como orientação para o crescimento da criança, pois antecipa e amplia a visão do futuro que na infância é mais restrita. As possibilidades antecipadas no cuidado do adulto agem, junto às condições já descobertas pela criança, para o seu crescimento. (Cytrynowicz, 2018, p. 128)

Este é o processo criativo que *eu* tracei a partir do que compreendi como possibilidade. Qual seria o *seu* processo? Desenho? Origami? Argila? Música? O norte para essa pergunta poderia ser: o que você transforma com maior liberdade?

Quando iniciei minha atividade clínica, eu fazia supervisão em grupo. Lembro-me de uma terapeuta que também era ceramista. Ela descrevia seus encontros com as crianças: da sua argila saíam animais, plantas, objetos etc. Eu brinquei com ela: "Onde você compra sua argila? A minha não faz isso!". Minha argila nunca produziu com a liberdade que a dela era capaz. Minha liberdade estava (e ainda está) em outro lugar. Meu processo criativo é outro.

O início da minha exploração com "coisas" que representam possibilidades figurativas deu-se, primeiramente, no ambiente clínico, com crianças. Apesar de já trabalhar com educação antes de iniciar meu consultório, foi nele que minha caixa de sucatas "ganhou vida". Abriu-se, na clínica, a apropriação das coisas junto às crianças que, por meio do encontro com novas maneiras de expressão, descobriam caminhos para o próprio crescimento.

Todavia, exatamente porque a imaginação trabalha apenas com materiais colhidos na realidade [...] é preciso que a

> criança, para nutrir sua imaginação e aplicá-la em
> atividades adequadas que lhe reforçam as estruturas e
> alongam os horizontes, possa crescer em um ambiente
> rico de impulsos e estímulos, em todas as direções.
> (Rodari, 1982, p. 163)

Uma criança que, em seu primeiro encontro comigo, rejeitou todo convite ou apresentação que eu fazia, dizia com muita firmeza e determinação: "Não". Depois de alguns "nãos", eu parei de convidá-la. Sem falar, peguei tábuas e comecei a martelar, juntando três tábuas paralelas e uma quarta, central e perpendicular às outras. Esse processo aconteceu em silêncio e percebi que a criança, curiosa, observava meus movimentos. Com tinta preta, escrevi bem grande "NÃO!". Entreguei a placa de protesto para a criança como um presente. Ela abriu um largo sorriso e saiu dizendo: "Não". Até hoje não sei ao certo a que esse "não" se referia, se era a mim, à terapia ou a qualquer outra questão possível. Acatei seu "não", transformando-o em validação e valorização do seu discurso. Frequentemente os "nãos" infantis são descartados; nesse caso, eu o recuperei e o valorizei. Foi o início dos nossos frutíferos encontros.

Comecei, também, a recorrer à caixa de sucatas, propondo construções lúdicas que ampliariam processos de transformação. Melhor do que ter um dragão de brinquedo à disposição seria criar um dragão por meio de uma caixa de ovos, por exemplo. Dessa forma, a criança se apropria de monstros ou de narrativas, permitindo maior liberdade de controle. É um convite à "re-significação" de mundo, ao poder "re-ver" objetos, materiais ao seu redor; muito além dos muros da clínica, a criança encontra novas possibilidades de vivenciar o mundo. Junto ao terapeuta, a criança pode se abrir à possibilidade simbólica de transformar coisas, qualquer coisa, em brincadeira, em conexão, em vínculo. Ela pode encontrar seu modo mais próprio, por meio do brincar, mesmo em ambientes que não necessariamente propiciem esse convite de modo claro.

Afinal, quem é esse "psicólogo" ou "terapeuta"? Ao orientar os pais sobre o que dizer para a criança sobre sua primeira ida à terapia, Maria Beatriz Cytrynowicz propõe que ela vai brincar com o terapeuta, que esse adulto é muito bom em ouvir sobre o que a gente sente e ele sabe brincar. Brincar, via de regra, é convite e faz parte do mundo infantil.

Por vezes, em ambiente clínico, as crianças se surpreendem: a princípio, quando começo a adentrar alguma proposta de brincadeira figurativa, quando me entrego inteiramente à representação de um personagem. A criança por vezes ri, ou olha com olhos arregalados. Esse contexto é, por vezes, um início da abertura para o brincar, desse adulto "atípico" que, via de regra, é o terapeuta infantil. Muitas vezes, é só ao final da brincadeira que trocamos olhares, como quem só então percebe que estava ali o tempo todo. Quando o convite é inteiro e sincero, a criança entende que ali é lugar de liberdade. Esse adulto que sabe brincar, ou seja, que está aberto ao vínculo com a criança traz consigo a possibilidade do estar junto do modo como cada um é.

Retornando ao que João Augusto e Maria Beatriz disseram, brincar é vincular. Compartilhar o vazio, quando compartilhamos "coisa alguma", no riso, na alegria com o outro é, também, cuidar afetivamente do vazio e da falta de sentido que a angústia traz. Junto ao outro, encontramos algo que nos sustenta. Vamos nos permitir esse vínculo, sem vergonha. Na liberdade de ser quem somos, bem junto às crianças como sempre fizemos (antes da pandemia), no nosso modo de aproximação, quanto mais pessoal, mais seu, mais próximo você estará.

Para concluir, quando João Augusto Pompéia assistiu a esta apresentação, por conta da finalização da minha formação na Associação Brasileira de Daseinsanalyse (ABD), ele comentou como nós, terapeutas, em inúmeros momentos colhemos o que é rejeitado, descartado, desajeitado, o que perdeu voz. Àquilo que parece "lixo", à primeira vista, para que possa ganhar nova luz e significado, emprestamos nosso olhar.

REFERÊNCIAS BIBLIOGRÁFICAS

BEING Elmo: a Puppeteer's Journey. Direção: Constance Marks. Intérprete: Kevin Clash. Estados Unidos: Submarine Deluxe, 2011. (77 min).

CYTRYNOWICZ, M. B. *Criança e infância*: fundamentos existenciais, clínica e orientações. São Paulo: Chiado, 2018.

HEIDEGGER, M. *Ser e tempo*. 8. ed. Petrópolis: Vozes, 1999.

MUMMENSCHANZ. *Mummenschanz*. Disponível em: https://www.mummenschanz.com/. Acesso em: 22 jan. 2024.

PINA. Direção: Wim Wenders. Alemanha: Nfp, 2011. (106 min).

POMPÉIA, J. A.; SAPIENZA, B. T. *Na presença do sentido*: uma aproximação fenomenológica a questões existenciais básicas. São Paulo: Educ; Paulus, 2004.

REMIDA. *Centro di Riciclaggio Creativo*. Disponível em: https://www.reggiochildren.it/atelier/remida/?lang=en. Acesso em: 11 nov. 2018.

ROBINSON, S. K. *The Element: How Finding your Passion Changes Everything*. New York: Penguin Books, 2009. E-book.

RODARI, G. *Gramática da fantasia*. Tradução: Antonio Negrini. 11. ed. São Paulo: Summus, 1982.

ROGERS, F. *Wikipedia: the free encyclopedia*. Disponível em: https://pt.wikipedia.org/wiki/Fred_Rogers. Acesso em: 13 maio 2020.

THE Gold Rush. Direção: Charlie Chaplin. Estados Unidos: United Artists, 1925. (95 min), P&B.

TRUKS, Cia. *Cia Truks*. Disponível em: http://www.truks.com.br/. Acesso em: 13 maio 2020.

ZOOILÓGICO – Cia. Truks. *Canal Lilica e Tigor*. Disponível em: https://www.youtube.com/watch?v=N2vZR8hYl_Q&list=RDN2v-ZR8hYl_Q&start_radio=1. Acesso em: 22 jan. 2024.

RELATO DE CASO: UM ATENDIMENTO CLÍNICO DASEINSANALÍTICO NO HOSPITAL[1]

Andreia Mutarelli[2]

DASEINSANALYTIC PSYCHOLOGICAL SUPPORT IN A HOSPITAL SETTING

---

1   Todos os nomes utilizados são fictícios para garantir o sigilo da identidade da família.
2   Psicóloga pela Pontifícia Universidade Católica de São Paulo (PUC-SP), doutora pelo Instituto de Psicologia da Universidade de São Paulo (USP), daseinsanalista formada pela Associação Brasileira de Daseinsanalyse (ABD) e paliativista formada pela Casa do Cuidar.

RESUMO

Neste artigo, apresentamos o acompanhamento psicológico de uma criança de cinco anos, em fase final de vida, e de sua família, no contexto de sua última internação. O acompanhamento psicológico realizado foi ancorado e compreendido na referência da Daseinsanalyse. Serão apresentadas reflexões fundamentadas na compreensão daseinsanalítica dos atendimentos realizados, tendo por objetivo aproximar a vivência e o cuidado – tanto da criança quanto de sua família.

Palavras-chave: Criança. Família. Morte. Cuidados paliativos. Psicologia.

ABSTRACT

In this article we present the psychological care of a five-year-old child in the final stages of life and her family in the context of her last hospitalization. The psychological support provided was anchored and understood within the framework of Daseinsanalysis. Reflections based on a daseinsanalytic understanding of the care provided will be presented, with the aim of bringing the lived experience and care of this child and her family closer together.

Keywords: Child. Family. Death. Palliative care. Psychology.

INTRODUÇÃO

O atendimento abordado neste artigo foi realizado em um hospital infantil, na cidade de São Paulo, onde trabalhei por quatro anos e meio. Trata-se do atendimento a uma criança de cinco anos que chamo aqui de Melissa, com diagnóstico de câncer de fígado metastático, que acompanhei por três meses, até o momento de sua morte. O modo de atendimento psicológico da Daseinsanalyse foi estrutural para possibilitar o acolhimento e a busca de sentido da experiência da família atendida.

CONTEXTO HOSPITALAR

Existem particularidades no atendimento psicológico clínico hospitalar – tal como a disponibilidade de estar presente fisicamente e de forma mais imediata – que diferem do atendimento em consultório e atravessam o caso que aqui explicito. Na escuta dos pais e de Melissa, ative-me à singularidade de cada um dos momentos vividos e à forma como foram contribuindo para a aceitação do morrer na vida daquela família.

A demanda inicial para atendimento psicológico partiu de uma discussão de caso em visita multidisciplinar na Unidade de Terapia Intensiva (UTI). Os médicos presentes e o enfermeiro responsável concordavam que era necessário chamar um profissional da área da psicologia porque: "Os pais não querem que se faça nada de invasivo, mas, ao mesmo tempo, querem que se faça tudo". Nessa demanda inicial, mostram-se duas características essenciais do trabalho de psicólogos no hospital: estamos sempre nos dirigindo a um paciente e a uma equipe e, apesar de fazermos parte da equipe, nós nos diferenciamos dela. Dirigimo-nos ao paciente, focando na pessoa que ele é, buscando abrir espaço de fala e de compreensão do sentido da vida. Na perspectiva do saber médico, o olhar se volta para a doença, tendo a vida como objetivo e a cura entendida como eliminação dos sintomas.[3]

A ambivalência da fala dos pais deixou a equipe confusa e angustiada. A equipe médica foi obrigada a deixar o modo pragmático de resolver sintomas e indicar tratamentos de acordo com

---

3   Ideias apresentadas pela psicóloga Fernanda Vianna no curso Daseinsanalyse e Saúde, ministrado na Associação Brasileira de Daseinsanalyse (ABD), em 2015.

estudos quantitativos e estatísticos. Canguilhem (1995), filósofo e médico francês, discípulo de Bachelard e orientador do doutorado de Michel Foucault em 1961, em sua obra *O normal e o patológico* (1995), mostra a cisão que acontece na assistência médica como a conhecemos hoje. Ele aponta a existência de uma separação entre a doença dos doentes e a doença dos médicos, e afirma que o saber médico e hospitalar se estrutura na cisão entre a dimensão afetiva e a dimensão orgânica objetiva.

Assim, enquanto a dimensão afetiva, considerada uma zona não científica, é constituída pelas dimensões psicológica, social e familiar, a doença orgânica objetiva, com método anatomopatológico e exames objetivos, constitui o raciocínio médico – o qual busca certa assepsia ao se debruçar sobre o paciente para identificar os sintomas a serem eliminados e conseguir, assim, atuar. No caso de Melissa, os pais sabiam muito mais da condição de saúde da filha e de como ela respondia a cada intervenção do que a equipe. O chamado da equipe médica pela psicologia se deu para buscar compreender como poderia ajudar e cuidar, com os seus instrumentos, daquela família.

OS ATENDIMENTOS

No primeiro atendimento, entrei no quarto e o pai, Miguel, estava sentado na poltrona, enquanto Melissa dormia. Apresentei-me e perguntei se ele gostaria de conversar um pouco. Seus olhos se encheram de lágrimas: "Sim, seria bom conversar", disse.

Ele começou a me contar sobre a luta vivida desde o nascimento da filha: "Ela já não nasceu bem". Com dois anos, Melissa recebeu um diagnóstico difícil que os fazia ir ao médico a cada três meses.

Com quatro anos, descobriram o câncer e, aí sim, a vida virou de ponta cabeça. Nesse momento da conversa, Melissa acordou. Seu olhar estava em comunicação direta com o pai. Começou a reclamar, estava com dor e tinha uma pessoa de branco dentro do quarto dela: eu. Mais dor poderia vir. O pai explicou que ela estava com muita dor por causa da água no pulmão.

Comecei a fazer bolhas de sabão longe de Melissa, porque, a cada vez que me aproximava, percebia o seu incômodo. No início, ela nem olhava para as bolhas, e pensei: acho que hoje não vou conseguir nenhum contato... talvez a minha presença esteja sendo invasiva, como tantas outras coisas que ela precisava passar ao longo do tratamento.

Então, pensei em parar de fazer as bolhas, mas o pai começou a brincar com elas e a estourá-las. Ela olhou para as bolhas com as quais o pai estava ocupado. Depois de um tempo, vendo-o estourá-las, uma delas passou perto da criança. Melissa a estourou e começou a estourar outras – sem esboçar um sorriso, mas parecendo gostar. Resolvi interromper o momento, pois uma dose muito alta de bolhas estouradas poderia ser mais uma situação invasiva. Despedi-me e disse que, em outro dia, viria brincar mais com ela e que poderia recusar, se não quisesse. Nossa relação era diferente, dado que, dentro de um hospital, o paciente não escolhe quem entrará no seu quarto, nem em que horário.

No segundo dia de atendimento, Melissa tinha sido transferida para um quarto na unidade de internação. Levei dois livros de histórias e mostrei a ela alguns bonecos, com os quais brincamos. Ela era a duende que ajudava os pais em tudo, e eu era a filha que não gostava de obedecê-los e arrumar as coisas. A duende não ajudava a filha e a dedurava para os pais. Melissa prestava muita atenção na dramaturgia que eu inventava com aqueles personagens e, de vez em quando, entrava na situação como duende, que eu insistia em chamar de fadinha, e ela me corrigia: "não é fadinha, é duende". Na saída, ela me disse: "Você não vai ler uma história?". Respondi: "Claro, escolha um dos dois livros". Saí animada com essa intervenção, pois tinha conquistado um lugar de possível interlocutora, uma pessoa a quem ela dirigia a palavra e, não só isso, a quem corrigia e podia escolher o que queria que ela fizesse.

No terceiro atendimento, Marisa, a mãe da criança, estava no quarto; eu não a conhecia e ela não queria conversa. Com Melissa, brincamos de novo com os bonecos. Combinei com o Pronto Sorrir (grupo de atores do hospital) de entrarmos juntos no quarto. A Sinão (Sininho no tamanho humano) estava lá; era uma duende gigante que tinha poderes mágicos, assim como Melissa, cujo anel de borboleta, descobrimos naquela tarde, paralisava as pessoas que encostassem nele. Chamamos esse anel de "anel da coragem", porque ele a salvava na brincadeira quando alguém ia fazer algo que ela não queria. Brincamos de procurar a duende que tinha se escondido de todos, mas a brincadeira foi interrompida pela necessidade de Melissa descer para fazer um exame, quando, então, quis ir com o anel da coragem no dedo; a mãe contou para todos que a filha sempre foi vaidosa. No exame, Melissa precisou ser intubada e não foi possível extubá-la logo após o procedimento. Assim, foi encaminhada novamente para a UTI, e mantive os atendimentos com os pais.

Com o pai, as conversas fluíam: ele tinha vontade de conversar sobre tudo o que acontecia e sobre o que já tinha passado, e cada atendimento durava mais de uma hora. Miguel estava inconsolável, pois viu a filha intubada. Ele me contou da situação em que ela, usando um aparelho respiratório (que mantém o ar em pressão positiva nas vias aéreas), disse: "Papai, esse vento é muito forte, eu não quero". Ele estava mais inclinado a não querer medidas invasivas e oscilava entre atender ou não ao pedido de Melissa para que não fosse mais intubada, mas disse que a mãe acreditava na cura da filha e jamais permitiria a restrição de medidas invasivas naquele momento. No entanto a decisão de intubá-la tinha sido violenta para ele.

O conflito entre o casal também acontecia no âmbito espiritual. A mãe rezava muito, entendia que a reza mais poderosa era a dos pais e pedia ao marido que também rezasse como ela. No entanto Miguel não estava mais confortável em ter que rezar, pois não era assim que ele entendia que faria bem à filha. Ele ficava muito angustiado vendo a mulher lutando tanto contra o que acontecia na realidade. Legitimei o modo como ele cuidava da filha e, juntos, fomos identificando qual era esse modo: estar atento ao desejo, aos medos de Melissa e poder atender a esses chamados o mais rápido possível, mas sabendo e acolhendo o fato de que, talvez, não fosse possível que ela vivesse mais tempo por meio de intervenções.

Nessa fase, a equipe comunicou claramente que não havia mais possibilidade de cura (no sentido médico, de eliminação da doença) para Melissa e que ela poderia falecer antes de poder ser extubada. Foi uma comunicação importante da equipe para os familiares, um contorno mais claro e concreto da situação de Melissa. Os denominados cuidados paliativos apresentam uma noção de cuidado que vai de encontro com a Daseinsanalyse, compreendendo que a impossibilidade de eliminação da doença não coincide com a impossibilidade de cuidado com a pessoa. Esse é um lema importante dos cuidados paliativos, que têm, como objetivo, manter a qualidade de vida até o momento da morte. O anúncio de que o tempo de vida de Melissa estava mais restrito do que o esperado para uma criança de cinco anos começou a trazer dados concretos da realidade com os quais os pais teriam de lidar, criando uma fissura em que se começava a abrir a possibilidade de uma reorganização dos pais para contar com o tempo que tinham com ela.

No capítulo "O médico e a morte" do livro *Angústia, culpa e libertação*, Boss (1975b, p. 72) afirma:

> Pois só quando continuamos sempre conscientes da nossa mortalidade é que continuamos percebendo que cada momento da nossa vida é irrecuperável e por isso tem que ser aproveitado. Isso só pode acontecer se a cada momento nos abrimos tanto quanto possível ao apelo daquilo que vem ao nosso encontro, e se respondemos adequadamente a isto, dedicando-lhe toda nossa essência. [...]. Somente porque o homem é finito cada momento conta. Conta como realização e libertação ao nos envolvermos adequadamente com as reivindicações daquilo que nos solicita. Conta como falta (Schuld) se deixarmos de corresponder.

O apelo vindo da realidade de que Melissa estava chegando no final do seu tempo de vida veio mais concretamente para os pais com o referido anúncio. Mas se abrir para esse apelo é, talvez, o maior e o mais dolorido desafio que se pode ter.

Encontrei os tios de Melissa que tinham vindo da cidade onde moravam para dar suporte aos pais após saberem do agravamento da situação da sobrinha, cuja morte parecia ser iminente. Conversei com uma das tias paternas, que contou que a avó paterna havia falecido há pouco mais de um ano e tinha passado por muitas cirurgias na luta contra um câncer. Os filhos se arrependiam de a terem deixado passar por procedimentos altamente invasivos. Este foi um tema das minhas conversas com o pai, que perdeu a própria mãe ao mesmo tempo em que a filha vivia a mesma doença.

No atendimento seguinte, a mãe estava acompanhando Melissa. Explicitei que compreendia que ela não quisesse conversar comigo e que ficaria à disposição, caso ela quisesse me acionar. Nesse momento, Melissa começou a resmungar. Mesmo intubada, ela se comunicava piscando: uma piscada significava *não*, duas piscadas significavam *sim*. Ela piscou, dizendo que não queria tomar banho. Este era o modo que Melissa e a mãe se comunicavam. Antes da doença, Melissa amava tomar banho, mas, a partir do momento em que teve que colocar acesso venoso e outros dispositivos, passou a odiar. Conversei com a equipe assistencial se era possível não dar o banho naquele dia e dar o mínimo de banho possível enquanto estivesse intubada. A mãe me agradeceu, começando um vínculo de maior cumplicidade entre nós. Foi um dos momentos cruciais em que a mãe se sentiu cuidada por mim, pela primeira vez, de uma forma que considerava como cuidado. Com a equipe, em geral, ela já entrava na conversa pensando que precisaria se defender, pois achava que havia uma predisposição para convencê-la a não realizar mais procedimentos invasivos, o que para ela, naquele momento, significava "desistir" da própria filha e ser obrigada a aceitar a irreversibilidade da sua morte em breve.

A palavra aceitar se mostra difícil de ser utilizada em diversos atendimentos feitos no hospital, assim como neste. Entendo que, por usarmos frequentemente a palavra *aceitar* como uma concordância – por exemplo, em um pedido de casamento ou um convite para algo –, ela se torna uma palavra que não comunica bem o que a pessoa sente no contexto de adoecimento. De imediato, parece significar "ter que engolir algo a contragosto". Assim, a palavra acolher, ou o sentido de acolher, parece mais justo para situações de adoecimento. Nestas, uma realidade se impõe, e passamos a ter que lidar com ela, tendo que fazer caber o que, antes, não tinha espaço e lugar em nossas vidas. É nessa direção que vai o meu atendimento neste caso.

Contando com o assentimento dos pais, as médicas tomaram a decisão de extubar Melissa em um ato de coragem, pois os seus parâmetros respiratórios não eram considerados necessários para a extubação. Contudo Melissa ficou bem em ar ambiente.

No próximo atendimento, acompanhei pai e filha junto ao Pronto Sorrir, à fisioterapeuta e à enfermeira, no terraço do hospital, onde era possível ver o céu e sentir o vento. O céu estava claro e ouvimos a música preferida de Melissa, cantada pelo pai junto ao celular. Era uma canção gospel que falava do pai Deus. Em razão das drogas usadas enquanto estava intubada, Melissa tinha síndrome de abstinência, e seus olhos viravam para cima. Ela estava desconfortável, indicou seu limite e pediu para retornarmos. Assim, descemos para o quarto.

No mesmo dia, à tarde, fui ler o livro que havia prometido antes da intubação. Melissa perguntou para a mãe quem tinha entrado no quarto, pois não conseguia virar a cabeça e ficou aliviada ao ver que era a psicóloga, que não ia realizar nenhum procedimento. Perguntei se ela queria ouvir a história do Morango Vermelho

Maduro e ela respondeu: *"ahan"*, significando sim. Eu me impressionava com o quanto Melissa era decidida: sabia o que queria, a hora que queria e o que a incomodava ("quero virar para este lado; quero que coce aqui; quero que me limpe de tal jeito"). Ao contar a história, eu e a mãe percebemos que era necessário colocar o livro no campo de visão da menina, pois ela não conseguia dirigir o olhar para ele com autonomia. Ela ficava menos aflita quando o lugar para onde olhava estava preenchido e cuidado. A partir desse momento, sempre que eu ia ao quarto e oferecia as histórias, a predileta era a do Morango.

O acompanhamento psicológico individual dos pais era interrompido todas as vezes que Melissa estava presente. Nessas ocasiões, fazíamos um atendimento em conjunto, o que não deixava de ser um acompanhamento com os pais. Como observa a psicóloga Fernanda di Lione (2001, p. 80): "Quando o adulto está próximo da criança, ele está cuidando também da sua própria aflição e preocupação em relação à criança, assim ele também está cuidando de si mesmo, cuidando ele alivia sua dor e a dor da criança".

No meu cuidar dos pais, eu também cuidava da Melissa, pois a criança vive a condição de estar amparada pelo outro de forma muito intensa. Nos atendimentos, suas principais preocupações se referiam ao bem-estar dos pais e à interação entre eles. Boss, em "O médico e a morte", afirma que o medo das crianças da morte é relacionado ao modo como os adultos à sua volta vivem a temática:

> Crianças antes da puberdade não têm medo
> (da morte) por ainda não se entenderem como sendo
> um sujeito isolado, o qual poderia ser destruído
> separadamente. As crianças são ainda tão

> sustentadas por seu âmbito de origem que não podem compreender-se como algo isolado e por isso não podem também ter medo da própria destruição como parte de um elemento indivisível, individualizado.
> (Boss, 1975b, p. 76)

Nos atendimentos com Melissa, era isso que eu via: ela buscava cuidar dos pais a todo momento, mostrava-se sensível ao sofrimento deles, queria que ficassem bem.

Cheguei a oferecer aos pais horários para atendimento individual, mas eles não quiseram. Pareciam querer usar todas as energias que tinham para estar com a filha, aproveitar a sua presença, pois os momentos que restavam entre eles eram muito preciosos para todos. Quando conseguíamos preservar intervalos de tempo para eles poderem compartilhar os momentos com prazer, isso era feito.

De forma geral, depois que recebemos um diagnóstico que ameaça a vida, situações já conhecidas, simples ou de rotina são vividas de modo mais intenso. Conforme Di Lione (2001), o valor e a intensidade de cada momento de prazer é muito maior.

Enquanto eu estava atendendo Melissa e seu pai, o grupo Saracura, que toca música para os pacientes, entrou no quarto. O pai, então, pediu a música "Aquarela", do compositor Toquinho. Melissa e todos nós nos emocionamos com o trecho da letra que diz:

> [...] Se um pinguinho de tinta
> cai num pedacinho azul do papel,
> Num instante imagino
> Uma linda gaivota a voar no céu

Vai voando,
Contornando a imensa curva Norte, Sul
Vou com ela, viajando,
Havai, Pequim ou Istambul.
Pinto um barco a vela branco, navegando,
É tanto céu e mar num beijo azul [...]

Voltei mais tarde no mesmo dia. Era terça-feira e Marisa estava lá. Elas me lembraram de que o aniversário de Melissa era no sábado. Sugeri que fizéssemos uma festinha e eu chamaria os atores e os músicos. A mãe achou uma ótima ideia e me perguntou se eles poderiam trazer um bolo para ela. No hospital, tínhamos a possibilidade de pedir para a hospitalidade trazer bolo e refrigerante para as crianças aniversariantes. "Teria que ser um bolo de morango, o preferido de Melissa", a mãe se animou.

A equipe médica estava preocupada com a decisão da mãe em realizar uma nova intervenção que havia descoberto e que tinha como objetivo a cura da filha. O procedimento que uma equipe externa ao hospital sugeriu para a mãe era a aspiração do tumor. Seria uma intervenção milagrosa. Para iniciar o procedimento, era necessária uma ressonância magnética para a qual Melissa precisaria ser intubada novamente. Isso preocupava a todos, pois ela estava com muita dificuldade de respirar, com a barriga grande por conta da volumosa massa tumoral e poderia correr o risco de não conseguir ser extubada após o exame.

No dia seguinte, Melissa foi fazer o exame. O anestesista explicou para a mãe que ela seria intubada e, talvez, não conseguisse sair do tubo. Após autorizar o exame, sabendo dos riscos, Marisa entrou em pânico. Estava acompanhada da tia e, quando cheguei ao quarto, ela chorava, chegando a gemer. Disse que seu coração doía "muito, muito", porque a filha poderia morrer intubada e isso seria terrível. Ela preferia mil vezes que a filha morresse no quarto, como um dia qualquer. Era a primeira vez que ela falava de morte. Melissa tinha chorado para entrar no exame, Marisa disse para ela que correria tudo bem, mas a filha disse que não gostava de ser intubada. Marisa estava devastada, sentindo-se a algoz da própria filha: "Eu que mandei ela sofrer e se acontecer algo agora com ela, eu nunca mais vou me perdoar", dizia.

Recuperei, com ela, o sentido de todo aquele procedimento. Ela tinha pedido para a filha fazer a ressonância magnética não por causa dos riscos, e, sim, por causa dos prováveis benefícios que o procedimento poderia trazer. Nesse momento, eu a convidei a olhar para o sentido de cuidado de cada uma das decisões que ela foi tomando. Era "amor demais", essas eram palavras minhas, buscando junto a ela um sentido para o terror que via no seu gesto de buscar mais recursos de salvação para a filha. O sentido que apontei na decisão da mãe era o que eu realmente observava no gesto dela, e acredito que foi importante ver dessa perspectiva para que ela continuasse confiando em mim. O meu entendimento só foi possível por ter testemunhado, antes, o caminho de cuidado com a filha daqueles pais. A forma de cuidado que a mãe dispunha, até aquele momento, era a de "arriscar todas as fichas" em algo que pudesse devolver-lhe a filha sem o adoecimento, mas, naquele instante, ela se deparou com o risco. Foi muito importante ela ter percebido que gostaria de cuidar da "passagem" de outro jeito. Foi possível dizer, em voz alta, que ela não queria que a filha morresse daquele modo, que ela queria de outro jeito. Disse para ela que agora *"íamos mandar toda boa energia"* para Melissa passar bem no exame e para termos a oportunidade de cuidar de outro jeito de sua morte; eu poderia ajudá-la a pensar sobre isso. Abriu-se para ela a difícil e sofrida possibilidade de acolher a hipótese da morte da filha antes que ocorresse e cuidar, então, desse momento que já estava aberto para o pai. A luta de Marisa era contra a dor imensa da morte da filha, este era seu horizonte de cuidado. Mas, nesse momento, aconteceu uma virada em que a sua imensa dor passou a ser o sofrimento da filha, e este passou a ser o seu horizonte de cuidado.

Melissa fez o exame e foi extubada, um alívio para os pais e para a equipe. Ganhamos todos outra chance de os pais poderem se despedir de forma mais inteira e tecendo um cuidado possível para aquele momento.

Depois do exame, a mãe decidiu que não iria mais deixar ninguém intubar a filha, e a própria Melissa disse-lhe, meio sonolenta: "Mamãe, não quero tubo, é muito ruim". Marisa sentia-se culpada por tantos procedimentos. Contou que falou para a filha, alguns dias antes, para não abandoná-la. Sobre isso, Miguel comentou com a esposa que achava que não era legal ela falar desse jeito, porque Melissa não tinha escolha de continuar ou não com ela. Marisa resolveu, então, dizer para a filha que o céu era um lugar lindo, que não tinha dor e nem sofrimento. Perguntou-lhe se ela queria ir para o céu, Melissa respondeu que não e, depois de certa insistência da mãe contando as coisas boas que existiam lá, respondeu "talvez". A mãe me contou, com dor, que agora percebe que estava "apegada" demais ao desejo de a filha ficar viva e que, talvez, esta não fosse a melhor opção para ela agora... Melissa estava sofrendo muito. Marisa disse que teria que deixar o amor pela filha falar mais alto do que o amor por ela mesma, do que o que o próprio corpo dela dizia. Contou-me, então, que não disse algumas coisas para Melissa que poderiam deixá-la triste:

"O que você deixou de dizer?", perguntei.

"Não contei que eu quero ir com ela para o céu. Não quero mais ficar aqui sem ela; a vida não tem sentido sem ela", disse.

"Mas, então, você acha que isso deixa a Melissa triste?"

Marisa respondeu:

"Ela não ia querer que eu fosse com ela agora."

Respondi, um tanto preocupada em dar um caminho alternativo para a mãe se apoiar:

"Você poderia dizer que vai encontrar com ela depois e que por enquanto ela vai ficar com a avó..."

"É, isso eu disse", ela respondeu hesitante.

Busquei acolher a dor de Marisa e dar lugar à vontade de não existir mais, caso a filha não estivesse junto. Falei da possibilidade de acolher o vazio que a filha deixaria. O sofrimento de Melissa trouxe a possibilidade para a mãe pensar que teria que aguentar o futuro sem ela. Então, eu disse:

"A dor que vem de imaginar que sua filha pode morrer e que você ficará aqui é tão intensa que ocupa todos os espaços da sua vida nesse momento. Dá a sensação de não sobrar nada depois que ela se for e, talvez por um tempo, não sobre mesmo. Mas só dói tanto porque você teve tanta alegria com Melissa, teve algo a ser perdido."

No dia seguinte, Miguel me contou do sofrimento insuportável de ver a filha passar por tanta dor e ele não poder fazer nada, mesmo com ela pedindo sua ajuda. Ela dizia: "Papai, pelo amor de Deus, faz alguma coisa".

"Se desse para abrir essa janela, eu teria pulado com certeza; nem no pior dos meus pesadelos eu imaginei essa situação", contou-me o pai.

Ao que eu respondi:

"É, Miguel, parece que a Melissa confia tanto, tanto em você, que sente que você poderia fazer passar a dor dela nesse momento."

Apontei para o vínculo entre eles e ressaltei o que estava escondido na restrição que é a dor da filha: a confiança que ela tem nele e a responsabilidade que ele sente em relação a ela.

"Mas eu não posso!", ele assentiu com a cabeça e chorou.

Miguel contou de situações em que a filha pediu desculpa para ele por estar passando mal, quando fez cocô na saída do hospital, porque estava com diarreia. Ele chorou muito com essa cena: "Imagina ela pedir desculpa por causa disso". Outra característica de Melissa era que ela gostava de ficar sempre limpinha e arrumada e sempre foi muito delicada em seus gestos, cuidadosa com ela mesma. Eu concordava, lembrando algumas cenas no hospital, que ela pedia para coçar exatamente a parte debaixo do pé direito, por exemplo.

DESFECHO: VIDA E MORTE

A festa de aniversário seria no dia seguinte, sábado; tudo pronto. Era momento de celebrar o nascimento até o momento da morte; vida e morte se mostravam inseparáveis. De manhã, a médica responsável me mandou uma mensagem dizendo que teríamos que adiantar a festa porque Melissa já estava com os batimentos cardíacos muito altos. Cheguei ao quarto, os pais tensos, uma tia os acompanhava e estava na beira da cama de Melissa. Ela, com unhas coloridas, pedia o bolo de morango. Chegou o bolo, ela abriu um "olhão" – queria muito comer bolo de morango, como tinha pedido à noite.

Cantamos parabéns junto aos músicos. Para quem vai o primeiro pedaço de bolo?

"Para mim!", disse ela.

Melissa se deu o primeiro pedaço e quis colocar a colher sozinha na boca. O pai disse, satisfeito:

"Nossa, você quer ser autônoma até agora, a qualquer hora."

"Tinha que ter esse bolo de morango mesmo, não podia faltar", disse a mãe emocionada e me agradeceu.

Melissa colocou as duas mãos no bolo e sem talher levou a cobertura à boca. Os pais olhavam satisfeitos para a cena. Perguntaram se ela gostaria de uma colher, ela, sempre assertiva, disse que sim, preferia a colher ao garfo. Ela foi orientando o pai sobre qual parte ela gostaria de comer do bolo: a cobertura de chantili, a parte que tinha chocolate e o que estava em cima. Comia sem parar. Quis a Fanta que a mãe ofereceu e tomou um monte, com canudo. A criança fazia um esforço enorme para toda a ação daquele momento.

Melissa voltou a dormir; estava cansada de comer bolo. Dava aflição, porque a tia colocava muito bolo na boca da sobrinha e ela não engolia, sobrava bolo na boca. Ela dormiu e iniciamos uma conversa – eu, os pais e a tia. Relembraram o quanto ela gostava de aniversário. Às vezes, até diziam que era aniversário dela sem ser, só para cantar parabéns no restaurante. O primeiro pedaço de bolo sempre foi dela. Lembraram os últimos aniversários, as preferências de Melissa. Contaram da culpa de a terem feito passar por tantos procedimentos e chegarem naquele desfecho: "Até picada de abelha ela tomou, porque diziam que isso ajuda a imunidade". Percorri com eles as memórias, escutando os detalhes de que se lembravam, sem buscar dar sentido. Estavam fazendo aquilo por si próprios e poderia ser uma violência acrescentar algo mais do que o vivido, que já era, em si, repleto de sentido. Ao final da conversa, despedi-me, desejei que eles permanecessem com força e enfatizei o quanto eles cuidaram da Melissa nesse caminho, o quanto ela se cuidou deles e que a referência de cuidado que ela tinha vinha da relação com eles.

No domingo, fui avisada que Melissa havia falecido e fui para o hospital para ver se os pais precisavam de algo. Quando cheguei, os dois estavam ao lado do corpo da filha. Eu os abracei, eles me apresentaram para os familiares como a pessoa que teve a ideia da festa. Contaram que, depois do parabéns, ela ainda acordou duas vezes, pedindo mais bolo. Os dois me pareciam inteiros. Fiquei impressionada, porque imaginava que se desesperariam, berrando. Estavam muito tristes, mas calmos. Estavam se despedindo.

A mãe contou que escolheu o vestido de borboletas porque Melissa adorava borboletas. Sabia que o habitual seria vestir a criança de branco, mas achava que, para sua filha, aquela era a melhor opção. O pai lembrou que Melissa cuidou de uma lagarta que virou mariposa, mas ela esperava uma borboleta e ficou impressionada com a transformação.

A mãe me perguntou se um dia ela ainda teria algum momento feliz na vida. Retomei a conversa que tivemos antes, disse que compreendia que naquele momento só cabia sofrimento, não tinha espaço para outra coisa. Ela não conseguia se imaginar vivendo algo feliz. Busquei, então, convidá-la a se autorizar a viver aquele momento de despedida que precisava ser vivido sem se preocupar com os próximos momentos. Considerei a situação no horizonte do tempo. Toda aquela intensidade e tristeza que não davam espaço para outros sentimentos naquele momento era provisória e não poderíamos saber, naquele instante, quanto tempo duraria aquele vazio. Afirmei, em uma aposta que, aos poucos, o vazio em que eles se encontravam poderia ir mudando para o aparecimento de outras coisas da vida a serem fecundadas. Reiterei que esse processo poderia acontecer sem pressa e que não era possível controlar esse tempo.

Alguns familiares presentes diziam para a mãe que ela poderia ter mais filhos, na tentativa de consolá-la, o que a mãe contou para mim revoltada:

"Imagina se consigo pensar nessa possibilidade! Não consigo."

Busquei palavras de acolhimento para aquele momento:

"Calma, por enquanto não dá para pensar nisso. Vamos lembrar do 'por enquanto', da provisoriedade. As pessoas podem ficar muito aflitas de te ouvir falar do seu sofrimento, que não cabe outra coisa e querem dar saídas, ajudar. Escute o que ajudar, e o que não ajudar jogue fora, como um filtro", respondi em tom de orientação e amparo.

Para mim, naquele momento, parecia só ser possível honrar o sofrimento, que era grande demais, para poder pensar no futuro. Lembrei a eles que também era possível honrar o fato de terem sido pai e mãe da Melissa; quanta coisa eles aprenderam com ela; quanta coisa eles descobriram deles mesmos com ela. Essa história estava neles, isso não poderia ser tirado. Tinham medo de esquecer a filha, de deixá-la para trás. Garanti que, mesmo em um dia muito feliz, em um parque com sol, eles não iriam esquecê-la; ela agora estaria do lado de dentro, não mais do lado de fora. Mesmo que eles se esforçassem ao máximo, não iriam conseguir deixar Melissa para trás; ela sempre acompanharia quem eles seriam. Reafirmei a irreversibilidade da história vivida, que jamais será ultrapassada; ela já era, a história já era eles.

Depois de algum tempo da pergunta, respondi para a mãe, quase como aposta:

"Acho, sim, Marisa, que você terá outros momentos felizes na vida. Você aprendeu muitas coisas com a Melissa, tornou-se uma pessoa diferente depois que ela passou na sua vida. Acho que pode usar isso para buscar esses momentos quando for a hora, sem pressa, e lembrando o que ela ia querer para vocês, ela que sempre cuidou tanto de vocês. Sei que dá vontade de viver muitas outras cenas com ela, e perder essas cenas do futuro que não veio é muito triste."

Os pais retomaram, mais uma vez, as memórias da filha, contaram algumas cenas de alegria, como ir ao parque e como ela era feliz, mesmo internada. Também lembraram os momentos em que foram impacientes, em relação aos quais se sentiam culpados. Conforme eu fazia perguntas, íamos distinguindo o que eles achavam ideal e o que era possível para eles diante daquele contexto. Legitimei o modo possível. Eles entenderam que Melissa esperou o seu aniversário para ir embora. Eles puderam dizer para ela ir em paz, cuidaram desse momento. Disse, traduzindo o que eles pareciam me dizer, na busca de sentido para o sem sentido de perder um filho: "foi o tempo de vocês três, e não só dela".

O tempo de Kairós, próprio dos mortais, o tempo certo que só cabe aos humanos. Eles concordavam que aquele tinha sido o tempo dos três. O pai falou do quanto se preocupava de submeter a filha a procedimentos invasivos e que o tempo da mãe era outro, mas que finalmente, naquela semana, os dois estavam por inteiro na decisão de parar com as intervenções invasivas. Então, ele agradeceu à esposa por ter insistido em fazer os tratamentos. Ele estava com a consciência tranquila de que fizeram tudo o que poderiam. A mãe concordou, e aquele foi um momento de conciliação dos dois. Lembrei a eles o cuidado que Melissa tinha com ela mesma, o tanto que ela se conhecia, brigando com eles, se eles brigassem. Esse cuidado foi aprendido e vivido com eles; os três aprenderam juntos.

Despedi-me. A mãe me agradeceu muito, disse que eu poderia levar no meu coração que a ideia do bolo tinha sido minha, que aquele momento tinha sido muito importante para eles. Deixá-la comer aquele bolo não tinha preço.

Os dois disseram que fez toda diferença terem tido este acompanhamento. Eu saí muito impactada e triste, impressionada de ter sido possível ter palavras e busca de sentido naquele momento.

REFLEXÕES

Entendo que a direção do meu atendimento foi, primeiramente, ir ao lugar onde esses pais e essa criança estavam, ficando disponível para a forma como seria possível, para eles, o vínculo comigo, sem exigir condições para o atendimento psicológico. Chegando no lugar onde eles estavam, passei a acompanhá-los, sem ir na frente deles, procurando não fazer antecipações do que poderia acontecer e, em alguns momentos, apontando para o que o mundo dizia daquele momento. Buscava também, junto a eles, o melhor modo de cuidar das situações vividas e da morte da filha. O processo foi abrir espaço em que coubessem o amor e a perda da filha. Novamente, cito Boss, que escreve sobre a superação da culpa no capítulo IV, "O caminho para a libertação", de *Angústia, culpa e libertação*:

> Justamente, é este deixar-se-necessitar, e nada mais, que o ser humano "deve" àquilo que É e que há de ser. É por isso que todos os sentimentos de culpa baseiam-se neste ficar-a-dever. Ficar-a-dever que é, se os senhores quiserem a culpabilidade existencial do ser humano. Não há, consequentemente nenhum fenômeno da consciência humana que não deva e não possa ser entendido no fundo como um chamado e uma advertência para cumprir a missão humana de guardião e pastor de tudo aquilo que tem que aparecer, que ser e que se desdobrar na luz de uma determinada existência humana. (Boss, 1975a, p. 39)

SER GUARDIÃO E PASTOR DA MORTE DA FILHA

Nesta história, o cuidar do modo como viria a ser a morte da filha foi possível. Entendo que o meu cuidado com a família foi acompanhar os pais no seu processo de acolher, o que veio ao encontro de sua família, a construção de um lugar para o morrer da filha, por meio da linguagem, antes de a morte acontecer concretamente.

> Mas o que é a dor? A dor dilacera. A dor é o rasgo do dilaceramento. A dor não dilacera, porém, espalhando pedaços por todos os lados. A dor dilacera, corta e diferencia reunindo tudo em si. Enquanto corte que reúne, o dilacerar da dor é também um arrancar para

si que, como riscas ou rasgaduras, traça e articula o que no corte se separa. A dor é a junta articuladora no dilaceramento que corta e reúne. Dor é a articulação do rasgo do dilaceramento. Dor é soleira. Ela dá suporte ao entre, ao meio dos dois que nela se separam. A dor articula e traça o rasgo da diferença. A dor é a própria di-ferença.
(Heidegger, 2003, p. 21)

REFERÊNCIAS BIBLIOGRÁFICAS

BOSS, M. O caminho para a libertação. *Angústia, culpa e libertação*: ensaio de psicanálise existencial. São Paulo: Livraria Duas Cidades, 1975a, pp. 33-40.

BOSS, M. O médico e a morte. *Angústia, culpa e libertação*: ensaio de psicanálise existencial. São Paulo: Livraria Duas Cidades: 1975b, pp. 65-77.

CANGUILHEM, G. *O normal e o patológico*. 4. ed. Rio de Janeiro: Forense, 1995.

DI LIONE, F. R. A criança existindo com câncer. *Revista Daseinsanalyse*, São Paulo, n. 10, pp. 72-85, 2001.

HEIDEGGER, M. A linguagem. *A caminho da linguagem*. Petrópolis: Vozes; Bragança Paulista: Editora Universitária São Francisco, 2003, pp. 191-216.

TOQUINHO et al. *Aquarela*. Intérprete: Toquinho. Rio de Janeiro: Ariola, 1983. 1 disco vinil, lado B, faixa 1.

DASEINSANALYSE E CÂNCER: A HISTÓRIA DE DUDA

Fernanda Rizzo di Lione[1]

DASEINSANALYSIS AND CANCER: DUDA'S STORY

---

1 Psicóloga pela Pontifícia Universidade Católica de São Paulo (PUC-SP), membro da Associação Brasileira de Daseinsanalyse (ABD), especialista em psico-oncologia e cuidados ao paciente com dor.

RESUMO

Este artigo é baseado no meu trabalho clínico com pessoas que têm ou tiveram câncer. Vou relatar e descrever o modo como Duda descobriu que estava doente e como lidou com seus desdobramentos até sua morte. Duda era uma mulher bonita e jovem que foi surpreendida por uma doença grave, que a convocou a refletir sobre si mesma, suas relações afetivas e sua espiritualidade. As reflexões e cuidado que ela experimentou ao longo da psicoterapia favoreceram a des-coberta de novos significados para vida a partir da compreensão de sua condição de ser-para-a-morte, do poder estar junto nesse processo de transformação provocado pela doença, mas protagonizado por ela.

Palavras-chave: Psicoterapia. Câncer. Corporeidade. Ser Para Morte. Angústia. Liberdade e Cuidado.

ABSTRACT

This article is based on my clinic work with people who had cancer in the past or are presently suffering from it. I will describe the history of a patient named Duda, how she found out she was ill and how she coped with the treatment and its consequences until her passing. Duda was a beautiful young lady who was struck with the diagnosis of a serious illness, calling her to think about herself, her relationships and her own spirituality. The reflections, thoughts and care experienced during our psychotherapy sessions helped her dis-cover new meanings for her own life from better comprehending her condition of being-towards-death, of being-together in the process of transformation started by the disease but starred by her.

Keywords: Psychotherapy. Cancer. Corporeality. Being-Towards-Death. Anguish. Freedom and Care.

> *" [...] Não tenho medo da morte*
> *Mas medo de morrer, sim [...]*
> *Mas quem vai morrer sou eu*
> *Um derradeiro ato meu*
> *E eu terei de estar presente [...]"*
>
> **Gilberto Gil, 2008**

Este é um texto sobre o meu modo de fazer e entender psicoterapia daseinsanalítica no acompanhamento de pessoas que estão com câncer. Trabalho com elas desde que me formei; lá se vão mais de 25 anos... No início da minha trajetória profissional, acompanhei muitas pessoas que morreram de câncer; algumas que começaram a viver mesmo estando doentes e, aos poucos, várias seguiram suas vidas, em psicoterapia, sem a doença. Atualmente, tenho mais histórias para contar de pessoas que estão bem, com a doença controlada ou sem nenhum sinal dela, do que de pessoas que morreram. Entretanto escolhi contar a história de uma mulher que teve um câncer extremamente violento e morreu em pouco tempo, mas seu modo de lidar com a vida foi especialmente significativo: ela constantemente se posicionou sobre como seguir em sua própria história, até o último momento. Trabalhamos juntas apenas por alguns meses, mas ainda carrego em mim a força e a intensidade das nossas sessões.

Duda[2] tinha 33 anos quando descobriu que estava com um câncer agressivo em estágio avançado. Ela era bonita, tinha cabelos

---

2   Nome fictício.

castanhos, longos, com mechas douradas. Sua pele era bronzeada e seu rosto cheio de sardas. Seu olhar era doce e profundo; sua voz, firme e delicada.

Duda era a filha mais nova de três. Seu irmão mais velho, casado, estava esperando o segundo bebê. Duda era apaixonada pela única sobrinha, uma menina de dois anos. Seu irmão do meio morava sozinho e tinha acabado de chegar do exterior. Seus pais estavam separados há mais de dez anos. Sua mãe era uma mulher madura, recuperada de uma separação difícil, dona da própria vida. No momento do diagnóstico de Duda, ela tinha acabado de reformar e decorar seu apartamento novo. Na mesma proporção em que a mãe era forte, segura e decidida, era também sensível, cuidadosa e respeitosa com os filhos. O pai de Duda havia falecido alguns anos depois do divórcio, e ela se achava parecida e se identificava com ele.

Duda era arquiteta, trabalhava como designer de interiores, gostava do que fazia e era reconhecida em sua área. Por conta do trabalho, viajava muito e "adorava descobrir o mundo lá fora".

Ela tinha um namorado há um ano e meio. Juntos, eles viajavam, iam ao cinema e cozinhavam na casa dela. Tinha, também, um grupo de amigas da faculdade que se encontravam frequentemente, saíam e festejavam juntas.

O câncer e as primeiras quimioterapias impuseram um ritmo de vida diferente e uma modificação grande na sua rotina. Seus irmãos, seu namorado e suas amigas davam-lhe apoio e a ajudavam sempre que podiam, mas sua grande parceira e cuidadora foi sua mãe.

Ao longo da vida, particularmente depois da doença, mãe e filha tinham uma relação de intimidade permeada por bons diálogos, carinho e muito respeito. Sua mãe participou de todas as consultas com o oncologista e, junto, o trio decidia cada passo do tratamento.

Acompanhei Duda desde pouco depois do seu diagnóstico oncológico até o seu falecimento, cinco meses depois. Na nossa primeira sessão, ela se apresentou assim: "Então, Fernanda, eu vim aqui porque está ficando muito pesado. Conversei com o meu médico e achamos que uma terapia agora vai me ajudar. Tenho 33 anos e acabei de descobrir [ela desenrola um lenço de seda colorido do pescoço e me mostra uma lesão do tamanho de uma pera pequena] que estou com esse câncer". Ela me contou isso num tom de voz baixo, de modo sereno e objetivo. Tive a impressão de que a emoção chegou aos seus olhos, mas ela se conteve.

A corporeidade nos remete a um existir que é corpóreo (Heidegger, 2001). O corpo é um caráter do existir, é o "corpo que somos" – e não o corpo que temos –, que diz respeito ao modo como experimentamos nossa existência. É principalmente no corpo que percebemos as nossas limitações, que experimentamos, de forma mais concreta, a nossa finitude. O câncer, doença que ameaça a continuidade da vida, é uma manifestação da própria condição de finitude, e a percepção do próprio fim pode aparecer de modo claro para o paciente. A doença apareceu para Duda a partir de um calombo do tamanho de uma pera em seu pescoço, algo que concretizava seu câncer, ameaçava visualmente sua vaidade, comprometia sua integridade corporal e anunciava a possibilidade da sua morte. Essa lesão no pescoço foi o motivo para ela procurar um médico e, ao mesmo tempo, o desencadeador do diagnóstico oncológico. Na primeira sessão, sua fala nos mostrou como era aquele corpo – que hoje tem uma marca que antes não tinha – e angústia. Meu desafio como terapeuta daseinsanalítica foi compreender o sofrimento manifesto no corpo físico que remetia ao existir total de Duda (Heidegger, 1988).

Nas primeiras sessões, ela me contou como achou estranho quando percebeu uma "pera" em seu pescoço. Não entendeu como algo tão grande tinha aparecido, de repente, já daquele tamanho e sem doer. Procurou ajuda, mas, como não sentia dor, não se preocupou. Começou a ficar desconfortável e a desconfiar que pudesse ser algo mais preocupante quando foi encaminhada para o oncologista. Nesse momento, disse que sentiu medo e pediu para a mãe acompanhá-la. Nunca imaginara que pudesse estar com câncer, e essa possibilidade a assustou. Ela tinha pouca familiaridade com essa doença, não conhecia pessoas que a houvessem tido e seu medo era inespecífico – de algo desconhecido que poderia ser grave. Ela entendeu o diagnóstico como uma doença agressiva, mas que tinha muita chance de responder ao tratamento. Iniciou-o confiante de que aquele seria um período no qual teria que encaixar os cuidados com a saúde à sua rotina acelerada, tanto socialmente como profissionalmente. Duda sentiu o impacto de estar com câncer quando precisou remanejar sua agenda profissional para fazer as quimioterapias. Ficou chateada por faltar tantos dias no trabalho em razão do tratamento e dos exames. Não reclamava, mas sentia falta de trabalhar. Também começou a ficar incomodada por se cansar no final do dia e não conseguir fazer tudo o que tinha programado. Foi através da vivência concreta de fazer tratamento, de sentir os efeitos físicos das medicações que Duda foi se aproximando e significando que estava com câncer, um câncer agressivo cujo tratamento era, também, muito agressivo. Foi nesse momento que ela pediu ajuda psicológica. Duda me contou, também, que estava começando a considerar que o tratamento não seria simples e que, talvez, precisasse mudar sua rotina por mais tempo do que havia imaginado inicialmente. Disse isso chateada – nunca havia pensado que pudesse ter câncer –, mas, ao mesmo tempo, confiante que a doença e o tratamento eram temporários e que ela retornaria ao seu cotidiano quando o tratamento acabasse.

Conforme nosso vínculo foi se fortalecendo, Duda foi receptiva às minhas perguntas sobre sua vida para além da doença. Numa mesma sessão, falou de duas paixões: o pai e o trabalho. Contou sobre a relação importante e forte que tinha com o pai, como fora seu falecimento e o próprio luto em relação àquela perda. Seus olhos brilharam quando falou do vínculo com o pai e se encheram de lágrimas quando falou da sua morte e de como se sentiu. Com voz forte e empolgada, descreveu sua paixão pelo trabalho; ela adorava o que fazia, não percebia o dia passar quando trabalhava. Numa outra sessão, falou das amigas; naquele dia, depois da sessão, ela iria almoçar com elas. Descreveu com riqueza de detalhes as amigas mais próximas, onde as conheceu, como ficaram íntimas. Falou com suavidade e carinho das amigas. Riu ao se lembrar de passagens que haviam vivido juntas, mostrando a importância delas como fonte de apoio e afeto no falecimento do pai e agora que estava doente. Com a mesma força da intimidade, contou como era sua relação com os irmãos: lembrou, com carinho, histórias da sua infância e declarou seu amor profundo pela sobrinha. Com voz suave e calma, disse que amava ainda mais o irmão que era pai da menina, por tê-la. Ao apresentar outras esferas do seu viver, mostrou que, sem negar o câncer, era maior do que ele. Duda conseguiu ampliar o seu mundo e falar de tantas outras coisas para além do adoecimento. Esse movimento fala da liberdade de Duda. A liberdade de não ficar presa à doença e de poder vivenciar que a *sua vida* era maior do que *aquele câncer*.

A terapia convoca o olhar para a pessoa inteira, para além dos limites que a doença impõe. Duda aproveitava muito bem esse espaço de cuidado e conseguia reconhecer que, embora o câncer estivesse ocupando grande parte da sua vida naquele momento, ele não era sua vida toda. Ela foi percebendo que a sua história, rica em significados, dizia respeito a ela e, assim, ela podia escolher e tomar as próprias decisões ante o que estava por vir.

Num dia, Duda falou sobre a proximidade do próprio fim. Contou-me que seu maior medo era de que a doença fosse para o cérebro. Falou isso triste, mas calma; não mostrou desespero, e, sim, firmeza e assertividade. Se isso acontecesse, ela havia combinado com o oncologista que não queria saber, pois entendia que, se a doença progredisse dessa forma, significaria a irreversibilidade do quadro e ela queria se poupar de tal sofrimento: "O que estamos passando já é sofrido o bastante. As chances de melhora quando a doença for para a cabeça são muito baixas. Eu, minha mãe e todo mundo, não precisamos de mais isso. Estou triste, muito... não era isso o que eu tinha imaginado para mim... eu ainda tenho muitos sonhos, mas acho que não vou ter tempo". Quando acabou de falar, ficou um longo período em silêncio, olhando para o horizonte. Respeitei o seu silêncio, pois Duda parecia estar completamente envolvida nos pensamentos sobre os sonhos que não realizaria. Depois voltou a olhar para mim e disse: "Eu tenho muitos sonhos, mas acho que vou ter que, hum, dar o rumo... nossa sessão deve estar acabando, outra hora a gente fala mais disso". Concordei, mas ficamos mais um tempo juntas, em silêncio. Depois de alguns minutos, convidei-a a encerrar a sessão. Com um abraço apertado nos despedimos e ela disse: "Obrigada por estar comigo".

No momento do diagnóstico oncológico, Duda e sua mãe escolheram tratar aquele câncer, escolheram cuidar de uma doença violenta em alguém tão jovem. Mãe e filha eram mulheres com vozes delicadas, mas firmes. De modo decidido, escolheram tratar aquela doença tão desconhecida. Pareciam determinadas e confiantes de que o tratamento era o caminho para curar o câncer. Mas foi ao longo da progressão do tratamento oncológico e da psicoterapia que Duda fez reflexões mais profundas sobre quais eram os limites que estava disposta a aceitar, até onde ela queria ir, como e quando parar. Ela teve o cuidado de olhar e de perceber que seu sofrimento exigia um cuidado que apontava para possibilidades e limitações. Seu propósito era de fazer o tratamento oncológico no sentido de reestabelecer sua saúde para poder voltar a trabalhar, a sair com as amigas, a namorar etc. Ao mesmo tempo, ela reconhecia que, caso a doença fosse para o cérebro, suas chances de cura deixariam de existir e, se assim fosse, não haveria mais sentido no sofrimento. Não haver sentido no sofrimento tornaria sua condição insuportável, pois o sentido do seu sofrimento, a esperança de recuperação, era o que o tornava suportável.

Os exames do mês seguinte constataram a progressão da doença para as meninges. Duda ficava cada vez mais fraca e estava difícil morar sozinha. Então, sua mãe a convidou para morar na casa dela. Duda foi, feliz, demonstrou e verbalizou como estava sendo bom estar rodeada de cuidados e amor. Falou em paz, sobre o alívio de não estar em casa, onde, apenas com a ajuda do namorado, ela teria que dar conta de tudo. Na casa da mãe, ela tinha ajuda de uma antiga funcionária para tomar banho, alimentar-se e movimentar-se. A mãe estava presente grande parte do tempo, cuidando para que Duda comesse o que gostava, se arrumasse quando queria, saísse quando tinha condições. As visitas das amigas, do namorado, dos irmãos eram muito frequentes. Duda adorava receber visitas, embora, em alguns momentos, precisasse se esforçar fisicamente para estar com eles. Conversava, ria, pedia ajuda para mudar de posição e seguia entretida naqueles encontros tão cheios de história e afeto.

Desse momento em diante, nossas conversas passaram a ser em domicílio, no quarto, com Duda na cama. Serena, ela foi contando que percebia a sua piora física e a melhora na qualidade de vida. Estava nitidamente mais fraca, mas também mais feliz. Ela aceitou sua condição bastante limitada e começou a conseguir gostar dos cuidados e do que ela ainda era capaz de fazer. Coisas simples, como tomar banho na banheira, poder fazer as unhas, receber as amigas e até conseguir dar alguns passos até a sala para assistir ao pôr do sol da varanda a deixavam muito contente. Ela falava da alegria de ter conseguido e demonstrava, no tom de voz mais animado, sua satisfação.

É importante observarmos como a indigência e a potência aparecem corporalmente em Duda. Por um lado, ela estava percebendo a sua pequenez, a sua impotência diante da vida: "Já não posso mais andar sozinha, me movimentar, tomar banho sozinha". Por outro, ela nos mostrava sua potência e seu poder fazer diante do que se impunha; ela se esforçava para conseguir andar até a sala, para se sentar na cama para conversarmos; ela percebeu sua piora e se deixou aproximar do próprio morrer, que já não parecia tão distante, mesmo sem ter sido informada de que o câncer estava nas meninges. Temos aqui uma peculiaridade muito interessante de Duda: na sua forma de entender a doença, se o câncer fosse para o cérebro, significaria morrer sem sentido e, para esse sofrimento, ela não estava disponível. Note-se como ela foi respeitada nesse pedido por sua mãe, por seu médico e por mim, que nunca lhe contamos da progressão da doença. Apesar de não ter tal informação, Duda percebia sua piora física e, ao percebê-la, foi entrando em contato com a possibilidade da própria morte e cuidou do seu morrer.

Às sextas, no final do dia, sua mãe preparava a casa para os rituais do *Shabat*. Duda conseguiu ir algumas vezes à sala para acompanhar as rezas e o jantar; em outras, as rezas foram até o quarto. Ela contou de uma sensação de paz e serenidade que sentia naqueles momentos: "Parecia que eu estava num mundo protegido, distante da doença e de tudo isso que está acontecendo, o Shabat me traz paz". A espiritualidade é um tema que muitas vezes aparece na psicoterapia. Duda foi criada na cultura judaica, mas não falava muito sobre religião. Quando os atendimentos foram para a casa de sua mãe, onde havia o ritual do *Shabat*, Duda se mostrou tocada e confortada pela atmosfera de reza e paz.

Certo dia, ela me pediu para conversar com sua mãe, falou devagar como se estivesse escolhendo cada palavra, garantindo o cuidado e a clareza do que queria expressar: "Ela não consegue dormir comigo; isso me deixa triste... [fez um silêncio, deixou uma lágrima escorrer e continuou] Mas eu entendo que ela tem medo de que aconteça alguma coisa comigo de madrugada quando estivermos só nós duas. Eu não consigo falar com ela sobre a gente se separar, então eu digo que a amo". Voltou a se emocionar e disse: "Ela faz igual comigo", e sorriu. "Cuide dela para mim?". Depois de concluir, ela deu um suspiro, deixou a cabeça cair relaxada no travesseiro e fechou os olhos. Fiquei ao seu lado em silêncio e percebi que ela havia adormecido. O acolhimento e o cuidado que ela recebeu pareceram *maiores* que a perda que a morte traz.

Naquele dia, a mãe me esperava na sala e pediu para conversar. Tivemos uma conversa longa, profunda e tocante. Ela era uma mulher que mostrava maturidade e sensibilidade. De modo objetivo, mas com tom de voz suave e olhar doce, ela começou falando da sua dificuldade em dormir com Duda e perguntou se podia ser respeitada. Emocionou-se ao me questionar se estava sendo egoísta em não conseguir dormir com a filha e, ao mesmo tempo, disse firmemente que ela precisava se respeitar, pois a assustava muito a ideia de Duda falecer na madrugada. Com lágrimas nos olhos e voz carregada de sofrimento, disse do quão difícil era ver a filha morrer. Peguei na sua mão e, sem falar nada, ela chorou. Chorou lágrimas de amor e de tristeza, chorou a dor de estar perdendo sua filha caçula. Depois de alguns minutos, soltou a minha mão e começou a lembrar passagens marcantes da vida de Duda, rindo e chorando ao mesmo tempo. Ainda falou – com alguma distância, mas muito respeito – do amor entre Duda e seu ex-marido. Com emoção no olhar, pegou na minha mão e disse: "Que bom que ela conseguiu ver coisas boas no pai; para ela, ele foi um bom pai".

Depois de uma pequena pausa, ela perguntou sobre como seriam os dias finais e disse que preferia que fossem no hospital, se Duda concordasse. Disse a ela o pedido que Duda tinha acabado de me fazer, que ela ficaria feliz em saber que tínhamos conversado sobre o que estava acontecendo e, sobretudo, como ela, a mãe, estava se sentindo. Pedi para ela contar a Duda sobre a nossa conversa e falar sobre como os últimos dias poderiam ser. Terminamos nosso encontro com um abraço demorado, estávamos as duas mais leves e sentíamos uma costura invisível que dava contorno ao que estava acontecendo e aproximava todas nós daquela realidade triste.

A angústia é um dar-se conta da própria limitação. O deparar-se com a própria condição de finitude pode trazer desespero, questionamento e depressão, mas também pode ser uma força que conduz à mudança, pode ser uma convocação para a reestruturação. Assim, podemos entender que a angústia é uma condição privilegiada que permite ao Dasein se deparar consigo mesmo. Duda vivenciou sua angústia ao descobrir que estava com um câncer agressivo, quando entendeu que a doença poderia ir para o cérebro, quando falou sobre ir embora e como sua mãe ficaria. Nessas cenas, Duda entrou em contato com a possibilidade efetiva de não mais estar aí naquele mundo que lhe era familiar. Ela experienciou ter sido arrancada do mundo da familiaridade e colocada diante dessa possibilidade percebida como cada vez mais próxima. Ao perceber a agressividade e a violência de seu câncer e que não se recuperaria, não porque não fez o que podia ser feito, ela aceitou a sua limitação para ir além de uma doença fatal. A partir desse retorno para si própria, ela pôde fazer um reposicionamento frente ao mundo. Ao fazer esse movimento, ela se deu conta de si mesma. Apropriando-se de si, ela aproximou a sua própria condição e se voltou, também, para a solicitação de cuidado com a mãe feita para mim – que o cuidado dela fosse além da sua sobrevivência. A tarefa da psicoterapia foi, apenas, favorecer todo esse movimento.

Podemos pensar sobre a angústia da mãe de Duda. Assistir ao processo de decadência física da filha, sentir-se impotente diante da progressão da doença foram situações que também a levaram a um movimento de profunda introspecção. Mas foi exatamente quando se deparou com a própria limitação de não poder mudar o que estava acontecendo que ela foi capaz de perceber que tinha muito o que fazer pela filha. Convidá-la para morar na sua casa, poder oferecer o cuidado e o carinho que Duda precisava a fez se sentir melhor diante daquele contexto. Seu movimento de aceitação foi tão importante que ela conseguiu, sem mágoas, entender a relação de Duda com o pai e, junto à filha, pensar onde seriam os últimos dias dela.

Na sessão seguinte, quatro dias depois, Duda estava fraca fisicamente, falou baixinho e segurou minha mão durante nossa conversa. De modo doce e me olhando nos olhos, disse que ficou aliviada por sua mãe ter conversado comigo e contou que elas tinham combinado que, quando ela ou a mãe avaliassem que ela seria mais bem cuidada no hospital, iriam para lá. Respirou fundo, ajeitou-se na cama, soltou minha mão e começou a falar do pai. Lembrou cenas marcantes na sua história, o quanto eles eram parecidos e como sentia saudades dele. Falou sobre o conflito intenso que guardava: por um lado, ela se identificava e era muito ligada ao pai, pensava como ele e concordavam em muitas coisas, mas, por outro lado, sentia-se profundamente solidária à mãe. Mais uma vez, ao acabar de falar, relaxou o corpo e me ouviu atentamente quando eu disse que ela podia ter afinidades e diferenças em relação a cada um deles. "Jura?! Posso mesmo?": Seus olhos se encheram de lágrimas, acomodou-se na cama e me disse: "Que alívio, obrigada!".

Foi importante para Duda poder resgatar sua história com o pai. Ao fazer esse resgate e se sentir liberada para sentir o que sentisse, Duda pôde desconstruir o conflito sobre como se sentia em relação a cada um dos pais. Esses dois movimentos foram libertadores para ela e, ao se libertar, permitiu-se poder morrer.

É tarefa do psicólogo daseinsanalista se dispor a resgatar a liberdade de quem ele cuida. No caso de Duda, esse resgate possibilitou que ela descobrisse novos significados para questões doloridas e guardadas há muito tempo. Estando mais livre, ela pôde amar e ser solidária com sua mãe e seu pai. Ao conseguir ficar bem com os dois, ela teve a liberdade de olhar para o próprio fim e de poder morrer serenamente.

Na sessão seguinte, dois dias depois, fraca e de modo desconfiado, começou falando da mãe: "Minha mãe vai ficar bem, né?". De forma mais serena, continuou: "Fomos muito felizes juntas. Eu sei que ela vai ficar triste, mas as meninas vão ajudá-la a seguir em frente. Também combinamos que, se eu piorar, vamos pro hospital".

Após um período de silêncio, um silêncio que pareceu continente e cuidadoso ao que tínhamos acabado de conversar, Duda, enfaticamente, perguntou: "Dói?". Ela estava perguntando se doía morrer, então conversamos sobre suas fantasias e expectativas em relação à morte. Nessa conversa, ela disse que não queria morrer e, com lágrimas nos olhos, disse que também não queria viver como estava. Emocionada, disse que percebia sua piora gradativa, sem melhora, e que, diante dessa situação, considerava a morte como uma alternativa para terminar com todo o sofrimento. Perguntou sobre morrer dormindo e conversamos sobre sedação paliativa. Aliviada, ela disse que já sabia do que se tratava e havia combinado com a mãe que gostaria de passar de um sono para o outro.

Duda foi para o hospital dois dias depois. O oncologista e a equipe do hospital cuidaram para que ela ficasse o mais confortável possível. Quando o oncologista passou para vê-la, no final daquele dia, Duda estava com sua mãe no quarto. Os três tiveram um último encontro. Com leveza e humor, conversaram sobre o quão confortável ela estava: Duda estava sem dor e sem falta de ar, parecia estar em paz deitada na cama do hospital. Ela olhou longamente para sua mãe e, depois, pediu ao médico: "Vamos ligar aquele remédio para eu dormir?".

Duda morreu algumas horas depois, acompanhada da sua cuidadora. Quando sua mãe e seus irmãos chegaram, ela parecia tranquila, com expressão serena no rosto.

Durante todo o tratamento, em especial na cena final, Duda fez um movimento com duplo significado: controle e cuidado. Ela precisava entender o que estava acontecendo e quais eram as possibilidades de ação que tinha; ela só aceitou quimioterapia enquanto entendia que as drogas poderiam oferecer alguma melhora. Duda queria saber do que se tratava a sedação paliativa para poder escolher como gostaria que fossem seus momentos finais e usou os recursos disponíveis para controlar e evitar cenas de sofrimento maiores do que já estava passando. Houve um movimento para controlar a situação até onde ela escolheu que seria capaz de aguentar. É interessante perceber que, numa situação de muito descontrole, uma doença extremamente agressiva e violenta numa pessoa tão jovem, Duda escolheu participar de como se tratar e dos modos possíveis de cuidar – cuidar de si mesma e cuidar de quem estava à sua volta. Ela des-cobriu quais eram os seus limites diante daquela situação e, com muito cuidado, desenvolveu formas para lidar com eles e respeitá-los. O reconhecimento de não querer saber sobre a possível evolução da doença para o cérebro e o respeito ao medo da mãe – de dormir com ela temendo que algo pudesse acontecer durante a madrugada – também mostram isso. Até o pedido de um remédio para dormir que a ajudasse a passar de um sono para o outro sem sofrimento foi um pedido de muito cuidado consigo mesma e com quem estaria ao seu lado, especialmente com sua mãe. É importante notar o quanto o cuidado com ela se deu, também, por meio do cuidado com a mãe: cuidar dela foi o modo que encontrou para continuar cuidando de si quando todo o cuidado direto consigo já não era mais possível.

Duda se despediu da mãe num momento de muita lucidez, em que parecia se sentir confortável e tranquila emocionalmente. O olhar profundo de despedida pareceu conter um "adeus" recheado de amor e de cuidado com as duas. Duda fez o pedido de ligar a sedação na presença de sua mãe, sabendo que tinha seu apoio.

O acompanhamento psicológico com um psicólogo daseinsanalista favoreceu a possibilidade de des-coberta de novos significados para a vida a partir da compreensão de sua condição de ser-para--a-morte, o poder estar junto nesse processo de transformação provocado pela doença, mas protagonizado pelo paciente.

Tendo como referência sua vida anterior ao câncer, Duda aceitou a realidade imposta pela doença e mergulhou no tratamento com o propósito de ficar bem. O processo de Duda começou por um movimento marcado pelo medo, que só é suportável com a perspectiva da cura. Mas, aos poucos, enquanto a possibilidade da cura se distanciava, o abandono se tornou cada vez mais presente. Foi com o trabalho da terapia e o movimento de aproximação da mãe que esse abandono se tornou suportável, aos poucos, abrindo a possibilidade de um cuidado que, não mais preso em si mesma, abriu-se para o cuidado com a mãe, possibilitando uma aceitação do seu próprio morrer.

Compartilhando sua história na terapia, Duda se percebeu atuante na própria história – história como movimento de realização de possibilidades. Conversando na terapia, o significado da doença e das suas relações foram des-cobertos, e ela reconheceu como sua vida era maior que o câncer. Ela percebeu, no cotidiano do tratamento, que tudo passa, mas tudo fica na sua história. Duda aproveitou a psicoterapia como espaço de recuperação da sua história e de costura do que estava por vir, do que era e do que estava sendo, des-cobrindo sentido. Até o momento final ela existiu, escolhendo os modos de cuidar de si, o hospital e a sedação como forma de apresentação de encerramento do seu processo – o próprio morrer.

REFERÊNCIAS BIBLIOGRÁFICAS

ARENT, H. *Condição humana*. São Paulo: Forense Universitária, 1999.

BOSS, M. *Angústia culpa e libertação*. São Paulo: Livraria Duas Cidades, 1988.

CARDINALLI, I. *A doença a partir da Daseinsanalyse*. Palestra proferida na Associação Brasileira de Daseinsanalyse (ABD), São Paulo, 2000.

FREIRE, E. *Leitura de Ser e tempo de Martin Heidegger*. São Paulo: ABD, 2014.

HEIDEGGER, M. *Ser e tempo*. Tradução: Márcia de Sá Cavalcanti. Petrópolis: Vozes, 1988.

HEIDEGGER, M. *Seminários de Zollikon*. Tradução: Gabriella Arnhold e Maria de Fátima de Almeida Prado. Editado por Medard Boss. São Paulo: Educ; Petrópolis: Vozes, 2001.

HEIDEGGER, M. *Ser e tempo*. Tradução, organização, nota prévia, anexos e nota: Fausto Castilho. Campinas: Editora da Unicamp; Petrópolis: Vozes, 2012.

GIL, Gilberto (comp. e int.). "Não tenho medo da morte". *Banda Larga Cordel*. São Paulo: Warner Music Brasil, 2008. 1 CD, faixa 8.

POMPÉIA, J. A. Corporeidade. *Revista Daseinsanalyse*, São Paulo, n. 12, p. 28-42, 2003.

POMPÉIA, J. A. et al. *Os dois nascimentos do homem*: escritos sobre terapia e educação na era da técnica. Rio de Janeiro: Via Verita, 2011.

SPANOUDIS, S. A tarefa do aconselhamento e orientação a partir da Daseinsanalyse. *Revista Daseinsanalyse*, São Paulo, n. 1, 2, 4, 1997.

O SUICÍDIO: REFLEXÕES FENOMENOLÓGICAS EXISTENCIAIS

Marcos Oreste Colpo [1]

SUICIDE: EXISTENCIAL PHENOMENOLOGICAL REFLECTIONS

---

1   Psicólogo pela Pontifícia Universidade de São Paulo (PUC-SP), Prof. Dr. do curso de Psicologia da Faculdade de Ciências Humanas e da Saúde da Pontifícia Universidade Católica de São Paulo (FACHS-PUC-SP), daseinsanalista, membro da Associação Brasileira de Daseinsanalyse (ABD).

RESUMO

Trata-se de um artigo que procurou refletir sobre os sentidos do suicídio, tendo por referência contribuições filosóficas, psicológicas e literárias que abordaram esse tema. O artigo "Existência: lugar de sentido ou experiência do absurdo? – o suicídio", da Profa. Dra. Maria Fernanda Seixas Farinha Beirão, (1992) foi referência fundamental para esta reflexão. Nele a autora menciona Albert Camus que, em *O mito de Sísifo* (1942/2020), observou: "Só existe um problema filosófico realmente sério: o suicídio. Julgar se a vida vale ou não vale a pena ser vivida é responder à questão fundamental da filosofia". Este artigo procurou refletir sobre a questão do sentido do suicídio, do absurdo e da fé, temas instigados por Camus ao falar do suicídio filosófico e religioso e sobre as suas críticas a Sören Kierkegaard (2010).

Palavras-chave: Suicídio. Sentido. Absurdo. Fé. Fenomenologia Existencial.

ABSTRACT

This is an article that sought to reflect on the meanings of suicide, taking as reference philosophical, psychological and literary contributions that addressed this topic. The article "Existence: a place of meaning or experience of the absurd? – Suicide" (1992) by Maria Fernanda Seixas Farinha Beirão, was a fundamental reference for this reflection. In that article, the author mentions Albert Camus who in his book, "The myth of Sisyphus" (1942), pointed out: "There is only one really serious philosophical problem: the suicide. To judge whether or not life is worth living is to answer the fundamental question of philosophy." This article sought to reflect of the meaning of suicide, from absurdity to faith. Those topics were instigated by Camus when talking about philosophical and religious suicide, and his criticisms of Sören Kierkegaard (2010).

Keywords: Suicide. Meaning. Absurdity. Faith. Existential Phenomenology.

Instigado por questões que envolvem o suicídio, um dos temas discutidos nas aulas de Fenomenologia da Experiência Sadia e Patológica que ministro no curso de Psicologia da FACHS (PUC-SP), revisitei um artigo publicado na revista *Vida, Morte e Destino*, organizada e veiculada pelo Centro de Estudos Fenomenológicos de São Paulo. Escrito pela Profa. Dra. Maria Fernanda Seixas Farinha Beirão (1992), o artigo tem como título: "Existência: um lugar de sentido ou experiência do Absurdo? – o suicídio".

Após todos esses anos de sua publicação, pude apreciar a magnitude das reflexões dessa querida professora (falecida precocemente) que iniciou a disciplina de Fenomenologia no curso de Psicologia. Cabe ressaltar que sua iniciativa deu frutos, uma vez que a fenomenologia de Edmund Husserl (1859-1938), Martin Heidegger (1889-1976), Hans-George Gadamer (1900-2002), entre outros, difundiu-se enormemente no mundo acadêmico, tanto no âmbito das pesquisas em fenomenologia, quanto nas práticas clínicas e em outros campos da psicologia, como na educação e nas práticas de prevenção.

No artigo referido, a professora Fernanda se inspirou nas observações de Albert Camus (1913-1960), filósofo e escritor argelino, que afirmou em *O mito de Sísifo* (2020, p.17): "Só existe um problema filosófico realmente sério: é o suicídio. Julgar se a vida vale ou não vale a pena ser vivida é responder à questão fundamental da filosofia". A reflexão de Beirão (1992) se coloca na articulação do suicídio à experiência do sentido e do absurdo como condição existencial do ser humano.

A experiência do absurdo, assim como a disposição para a angústia, podem estar presentes no suicídio, entre outras disposições afetivas ligadas ao protesto, à desonra, à vergonha. Vemos também a exposição para a morte por aqueles que, por amor a uma crença ou causa oferecem a própria vida em sacrifício, como no caso de heróis e mártires.

Antes de meditarmos propriamente sobre o suicídio, vamos nos deter, inicialmente, sobre a compreensão do que entendemos por sentido na fenomenologia hermenêutica de Heidegger, uma vez que esse tema estará presente em nossas reflexões. Sabe-se que na sua ontologia fundamental, *Ser e tempo*, o pensador da existência se dedicou a pensar sobre o "sentido do ser". Sobre o sentido, diz Heidegger (2009, p. 408):

> De acordo com a análise, sentido é o contexto no qual se mantém a possibilidade de compreender alguma coisa, sem que ele mesmo seja explicitado ou, tematicamente visualizado. Sentido significa a perspectiva do projeto primordial a partir do qual alguma coisa pode ser concebida em sua possibilidade como aquilo que ela é.

Ao mesmo tempo que o sentido é o que possibilita a compreensão de alguma coisa, ele mesmo não se encontra "[...] explicitado, ou tematicamente visualizado" (Heidegger, 2009, p. 408). Essa noção é familiar ao trabalho clínico psicoterápico, pois o sentido de um sonho, ou de um sintoma, que pode ser uma alucinação, um delírio, uma compulsão, uma manifestação corporal, desafiam o terapeuta daseinsanalítico[2] a desvelar esses sentidos. A palavra sentido [no

---

2   Prática clínica fundada por L. Binswanger e que teve continuidade e desdobramentos com Medard Boss, ambos psiquiatras suíços. Os fundamentos dessa prática estão alicerçados nas contribuições de Heidegger – presentes em *Ser e tempo* (1927) e nos *Seminários de Zollinkon* (1959-1969).

alemão, *Sinn*] significa rumo, direção do existir, portanto há uma orientação para o futuro (projeto) quando falamos em sentido e, também, um ponto de onde partimos (presente/passado). Cabe ressaltar que o desvelamento do sentido orienta o terapeuta no processo analítico, por evidenciar uma destinação.

Para melhor compreendermos essas considerações heideggerianas, o pensador, no parágrafo sétimo de *Ser e tempo*,[3] entende as manifestações sintomáticas, entre outras manifestações, como modos privativos de o fenômeno se mostrar, pois o fenômeno, enquanto tal, é compreendido "[...] como o que se mostra, o ser dos entes, o seu sentido, modificações e derivados" (Heidegger, 2009, p. 75).

As manifestações, nas suas diferentes especificidades – como os sintomas, os ícones, os símbolos, os fetiches, o mundo onírico – são compreendidas como aparências. Longe de se referirem àquilo que é enganoso, inverossímil, elas são anúncios, indicações de sentidos. É por meio das aparências que podemos chegar ao fenômeno entendido como o ser dos entes, o seu sentido. Heidegger cita a febre como exemplo, cuja manifestação nos adverte de que algo não está bem com aquela pessoa, embora ainda precisemos de outras sinalizações, anúncios (aparências), para que possamos compreender a sua proveniência.

Cabe esclarecer a diferença, no campo linguístico, entre significado e sentido: os significados das coisas e das palavras nós encontramos nos dicionários, ou seja, sua estrutura formal; em relação aos sentidos, nós precisamos observar o contexto em que algo foi dito, o modo como foi dito, com quais tonalidades afetivas, em que circunstâncias etc. Dias (2017, p. 1) utilizou o exemplo da

---

3   Dedicado ao método fenomenológico de investigação.

expressão "amanhã será um novo dia" para nos situarmos a respeito dessa diferença. Sob o ponto de vista do significado, a expressão é até redundante, pois certamente que amanhã será um novo dia, mas sob o ponto de vista do sentido, isso pode querer dizer outras coisas, por exemplo: que as coisas passam, que o dia de amanhã poderá ser melhor do que o de hoje, que há esperança; as coisas passam, se dirigida a alguém que esteja passando por alguma fragilidade, algum sofrimento ou desalento.

Essas breves considerações a respeito do sentido e do significado nos remetem ao entendimento de que o ser humano é um ente, cujo modo de ser-no-mundo se constitui por uma rede de relações de significação e sentidos a que denominamos mundo, entendido como o contexto em que o ser humano se encontra familiarizado ou não. Refiro-me, aqui, às experiências de pertencimento ou de não pertencimento, como ocorre na experiência da angústia e do absurdo, entre outras, como retratou Camus em *O estrangeiro*, publicado em 1942, ou como retratado por Sartre em *A náusea*, em 1938.

Sob o ponto de vista existencial, o ser-aí[4] pode se sentir pertencente e familiarizado, ou estrangeiro, distanciado e desenraizado. Tais experiências não são descoladas de um sentido ou de sentidos que nos alocam como ser-no-mundo. O sentido também se retrai, se esvazia, como ocorre na disposição para a angústia. A angústia rompe com a nossa familiaridade, como o nosso pertencimento, e nos sentimos sós, suspensos no nada. No entanto Heidegger também observa em *Ser e tempo* que a angústia é uma abertura privilegiada, pois coloca o ser humano diante de si mesmo. Se, porventura,

---

4   Estamos usando ser-aí como tradução de *Dasein*, termo alemão usado por Heidegger para salientar a correspondência de uma unidade entre o ser e o ente humano.

o ser-aí se encontra enredado em modos impróprios (impessoais) de ser, a angústia paralisa esse movimento e abre a possibilidade para o poder-ser-si-mesmo-próprio.[5]

Na experiência do absurdo, o ser-aí não reconhece os sentidos que são professados, veiculados e exercidos em relação a certos acontecimentos humanos, como o sofrimento impingido às pessoas nas guerras, no genocídio, no holocausto, nas ações terroristas contra os civis; a fome; a exploração, entre tantas outras atrocidades cometidas coletiva e pessoalmente – como a violência, o homicídio, o feminicídio, a pedofilia, o estupro, as relações abusivas, o racismo, a injustiça, os preconceitos etc.

A experiência do absurdo é ôntica, situada e se realiza perante certos acontecimentos humanos que avaliamos como insensatos, inconcebíveis, que geram rupturas, desilusões e até distanciamentos irreconciliáveis. Camus viu na Primeira Guerra Mundial uma experiência do absurdo, em que aproximadamente 1 milhão de pessoas morreram – inclusive seu pai, que faleceu na batalha do rio Marme.

Também faço menção à experiência do absurdo de Stefan Zweig (1881 – 1942), não descolada da angústia e da culpa. O escritor, romancista, poeta, dramaturgo, biógrafo e jornalista austríaco de origem judaica escapou da proliferação do nazismo na Europa em 1940, atravessando o Atlântico e encontrando morada no Brasil, na cidade de Petrópolis (Rio de Janeiro). Em muitas das suas entrevistas, Zweig elogiou o acolhimento brasileiro a ele e à sua

---

5   Ser si mesmo próprio alude à condição existencial em que o ser-aí se apropria de uma decisão, de uma escolha. Não significa que tal decisão/escolha seja inédito ou original, mas, sim, que o ser-aí toma para si essa possibilidade e a assume com responsabilidade e comoção.

esposa Lotte. Deprimido com a expansão da barbárie nazista pela Europa durante a Segunda Guerra Mundial, inconsolável diante da intolerância e do autoritarismo e sem esperança no futuro da humanidade, ele e sua esposa se suicidaram – com uma dose letal de barbitúricos, ato que chocou tanto os brasileiros como os seus admiradores em todo o mundo. Stefan e Lotte são exemplos da possibilidade do suicídio diante da experiência do absurdo e, certamente, da desesperança e das suas ligações afetivas com o povo judeu que continuava sendo assassinado pelo nazismo, vítimas de inúmeros crimes e do holocausto. Zweig (1942) deixou uma carta de despedida, dizendo:

> Antes de deixar a vida por vontade própria e livre, com minha mente lúcida, imponho-me última obrigação; dar um carinhoso agradecimento a esse maravilhoso país que é o Brasil, que me propiciou, a mim e a meu trabalho, tão gentil e hospitaleira guarida. A cada dia aprendi a amar este país mais e mais e em parte alguma poderia eu reconstruir minha vida, agora que o mundo da minha língua está perdido e o meu lar espiritual, a Europa, autodestruído. Depois de 60 anos, são necessárias forças incomuns para começar tudo de novo. Aquelas que possuo foram exauridas nestes longos anos de desamparadas peregrinações. Assim, em boa hora e conduta ereta, achei melhor concluir uma vida na qual o labor intelectual foi a mais pura alegria e a liberdade pessoal o mais precioso bem sobre a Terra. Saúdo todos os meus amigos. Que lhes seja dado

ver a aurora desta longa noite. Eu, demasiadamente
impaciente, vou-me antes.
(Macknow, Lisboa, v.21, n.1, 2014)

Falei em ligações afetivas com o propósito de salientar que muitos sobreviventes das guerras e de tantos outros infortúnios coletivos se perguntam "por que eu não morri?", o que equivale a dizer "por que eu estou vivo?". Certamente nunca teremos uma resposta para isso, uma resposta tão enigmática como a pergunta: sorte, destino, entre outros possíveis delírios que possam conferir sentido à condição de ainda estar vivo.

Creio que a fronteira entre o absurdo e a angústia se mostra muito tênue. Numa aproximação mais detida da nossa condição como seres mortais, podemos vivê-la como experiências do absurdo e da angústia. O livro *A barata de Martin Heidegger*, de Yan Marchand (2014), ilustrado por Mathias Arégui, retrata com genialidade uma barata habitante do cemitério de Messkirch (local onde foi sepultado Heidegger). A barata, chamada Martin, caminha, arrastando a sua carapaça e perguntando-se "o que ela fazia no mundo e, sobretudo, por que havia sido jogada nele se iria morrer um dia: perguntava-se também por que as coisas existem, uma vez que iriam desparecer" (Marchand, 2014, p. 5). Incapaz de se desligar da questão, que muito a atormenta, a barata Martin fica indiferente aos apelos de Epicuro, que tenta convencê-la a deixar de pensar na morte, seguir em frente, desfrutar da vida que lhe foi concedida.

O livro é genial justamente porque a barata Martin mostra-se fiel a si mesma, pois ela permanece com a sua indagação sobre o sentido da vida diante da morte, porém caminha em busca de uma resposta coletiva, impessoalizada. O próprio Heidegger, morto em seu caixão, ainda com certo lapso de consciência, tenta ajudar a barata Martin, sem sucesso. Uma saída que seduziu a barata foi ver um formigueiro extremamente organizado, onde todos trabalhavam incessantemente para um bem comum – a sobrevivência de todos. Fiéis à rainha, as formigas a obedeciam sem reclamar e encontravam, nessa condição, abrigo para as suas angústias, na verdade a angústia nem sequer era vivida por elas. Nesse modo de vida massificado e impessoalizado, as formigas ainda possuíam um inimigo comum que as unia para combatê-las ou escravizá-los – as formigas vermelhas (que poderiam ser os judeus, os muçulmanos, os homossexuais, os negros, as pessoas trans etc.).

As formigas vermelhas eram escravizadas, aviltadas e submetidas ao poder das outras sem que esses algozes se perguntassem sobre tais desatinos. A barata Martin, tocada por essa condição, por esse absurdo, questionou o capataz a respeito, mas, como era de se esperar, os questionamentos não foram bem-vindos, restando à barata Martin a fuga perigosa do formigueiro. É interessante observar com esse mundo ordenado das formigas, orquestrado pela rainha e pela tarefa comum, conferiu um sentido e vida à barata Martin por algum tempo. Podemos dizer que a angústia da barata Martin foi apaziguada nesse mundo ordenado, cujo sentido foi dado, mesmo que impropriamente.

O cineasta, escritor e produtor sueco Ingmar Bergman (1918-2007), em muitos dos seus depoimentos, manifestou o próprio desassossego perante a finitude. A morte era um tema que o assolava. E evidentemente, o que estava em questão não era tão somente a sua morte, mas a morte como a condição humana e que lhe roubava o sentido da vida. Para esse genial cineasta, a finitude o desesperava; não lhe acenava nenhuma possibilidade de sentido diante dela, o desespero o acompanhava. Até que em 1957, ele dirigiu e produziu o filme *O Sétimo selo*.[6] Nele, o personagem principal, Antonius Block, (Max von Sydow), é um cavaleiro recém-chegado das Cruzadas e que encontra o seu país, a Suécia, devastado e em pânico com a peste negra (1347-1351), que destruiu grande parte da Eurásia, reduzindo

---

6   Os Sete Selos são um conceito da escatologia cristã que vem do Livro do Apocalipse, da Bíblia cristã, em que um livro com sete selos é descrito em Apocalipse 5:1. Os Sete Selos foram abertos pelo Leão de Judá. Apocalipse 5:5 diz: "E um dos anciões disse até mim: Não chores eis que o Leão da tribo de Judá, a raiz de Davi, venceu para abrir o livro e desatar os sete selos". Os sete selos foram abertos, um a um, pelo Cordeiro. Apocalipse 5:6 diz: "E eis que, no meio do trono e dos quatro animais, e no meio dos anciãos, um Cordeiro como tinha sido morto, tendo sete chifres e sete olhos, que são os sete Espíritos de Deus enviados por toda a terra". Cada abertura de um dos selos é seguida por um evento ou uma série de eventos. Apocalipse 6:1: "E, havendo o Cordeiro aberto um dos selos, olhei, e ouvi um dos quatro animais, que dizia como em voz de trovão: Vem, e vê". A visão do Livro dos Sete Selos foi referida por João, em Apocalipse. Quando cada um dos quatro primeiros selos é aberto, um cavalo e seu cavaleiro aparecem. Estes são geralmente referidos como Cavaleiros do Apocalipse. Na abertura do primeiro selo surge um cavalo branco, que representa o Anticristo, com sua falsa inocência e paz, que governa o mundo (Apocalipse 6:2). Na segunda abertura do livro, surge outro cavalo, desta vez vermelho, ao qual foi dada a ordem de que tirasse a paz da terra, e que se matassem uns aos outros (Apocalipse 6:4). Ao abrir do terceiro selo, João vê um cavalo preto, que, segurando uma balança, faz ofertas exorbitantes; o que significaria a escassez dos produtos e seus preços exorbitantes. Este cavalo representa a fome, a penúria, as trocas injustas (Apocalipse 6:4). Na abertura do quarto selo surge o último dos quatro cavaleiros, que é a representação da fome, da peste e da destruição, do qual o que estava assentado sobre ele havia a palavra Morte, e o Inferno o seguia (Apocalipse 6:7-8). A abertura do quinto selo é seguida por uma visão daqueles que foram "mortos por causa da palavra de Deus" (Apocalipse 6:9). Quando o sexto selo é aberto, há um grande terremoto, e os sinais aparecem no céu (Apocalipse 6:12,14). Além disso, 144 mil servos de Deus são "selados" nas suas testas, em Apocalipse 7. Quando o sétimo e último selo é aberto, sete anjos com suas trombetas começam a soar, um por um. Os acontecimentos do Sétimo Selo são subdivididos pelos eventos seguintes, ao soar de cada trombeta. Esse selo é aberto em Apocalipse 7, e a sétima trombeta não soa até Apocalipse 11.

a sua população a um terço. A morte se apresenta a Antonius como um homem alto, magro e loiro (Bengt Ekerot), que se aproxima encapuzado, coberto por uma espécie de capa preta, e Antonius logo percebe que a morte vem buscá-lo. Não desejando morrer e resistindo à ela, propõe um desafio – uma partida de xadrez. Porém, mesmo sendo um exímio enxadrista, sabia que não ganharia da morte. Seu intuito não era ganhar dela, mas, sim, ganhar tempo; não por mero apego à duração, mas pelo desejo de descobrir qual é o sentido da vida diante da morte. No filme, Antonius descobre que as artes podem transcender a morte – desafiando-a com humor – não pela eternização, mas pela eternização da presença concernente diante do simples, do singelo e do mundano. Assim viviam as pessoas da Cia. Mambembe – um teatro itinerante composto pelo acrobata Jof (Nils Poppe), sua esposa e seu filhinho. A Cia. ostenta um crânio humano e essas pessoas mostraram-lhe o sabor da presença e do desfrute sensível da confrontação da realidade com a fantasia. Parece que o absurdo que atormentava o cineasta, que furtava o sentido da sua vida, a partir dessa realização ganha um outro vigor e apaziguamento. Bergman, em muitas entrevistas, declarou estar em paz com a vida e com a morte.

No português, a palavra "absurdo" provém do adjetivo latino *absurdus* (século XVI), que significa "desagradável ao ouvido", e, por extensão, "incompreensível", absurdo, derivado do adjetivo latino *surdus*, "surdo". Sua substantivação na língua portuguesa é bastante antiga (Cicéron, *De Oratore*, III, 41). Essa significação linguística contempla uma condição existencial bem peculiar aos seres humanos a de permanecermos "surdos" àquilo que é desagradável a nós mesmos, evitando, assim, a confrontação com tudo aquilo que é desagradável ao ser-aí.

Na filosofia, o absurdo foi tema de reflexão para os existencialistas, principalmente para o filósofo e escritor Albert Camus. O tema do absurdo, na filosofia camuseana, teve seu embasamento teórico nos livros *O mito de Sísifo* e *O estrangeiro*, ambos publicados em 1942. Em 1944, o chamado "ciclo do absurdo" se completou com a publicação da peça de teatro *Calígula*. Camus nos deixou uma obra relativamente grande sobre o absurdo, e uniu, a partir dessa experiência, a revolta, o amor, a morte e a justiça.

Do que se trata quando falamos sobre o absurdo? Talvez um mito possa nos dizer melhor sobre o absurdo na sua manifestação ôntica: o *Mito de Sísifo*. Na mitologia grega, Sísifo, filho do rei Éolo, da Tessália, foi o primeiro rei de Éfira, depois chamada de Corinto, onde governou por diversos anos. Mestre da malícia e da felicidade, entrou para a tradição como um dos maiores ofensores dos deuses. Segundo Higino, Sísifo odiava seu irmão Salmoneu e, perguntando a Apolo como poderia eliminar seu inimigo, Apolo respondeu que ele deveria ter filhos com Tiro, filha de Salmoneu, vingando-o desse modo. Dois filhos nasceram dessa união, mas Tiro, descobrindo a profecia, os matou. Sísifo se vingou e, por causa disso, recebeu como castigo a terra dos mortos e a penitência de empurrar uma pedra até o lugar mais alto da montanha, de onde ela rola de volta. Sísifo é condenado pelos deuses a repetir sucessiva e eternamente esse empenho. O mito, de certo modo, realiza aquilo que concerne à condição humana: fazer e desfazer, realizar e destruir, viver e perecer.

Qualquer obra humana tende a desaparecer, por mais empenhos que sejam feitos para preservá-la. Obviamente, não falamos aqui da obra na sua estrutura material somente, mas a obra enquanto ideias, valores, sentidos professados. Como referiu

Buda Shakyamuni no Sermão, esses dois horizontes trazem sofrimento, que é fruto do apego à permanência e da ilusão da não interdependência.

Em *O estrangeiro*, Camus fala mais especificamente da sensação do absurdo diante do tédio, da sensação de ser estrangeiro de "si-mesmo". O protagonista da obra, Meursault, repete muitas vezes a frase "tanto faz", "tanto faz", "tanto faz para tudo o que faz". Reina nesse personagem a disposição afetiva da indiferença, da apatia profunda diante da vida – talvez, fruto dessa condição: o absurdo.

Camus contempla o suicídio como uma possível resposta ao absurdo, condição que ele desaprova não por conta de uma moralidade ou religiosidade que desconsidera tal opção, mas por um outro entendimento, que enfatiza o enfrentamento, a resistência ao absurdo com a lucidez de quem assume, aceita essa condição, mas se revolta e se rebela. Em *O homem revoltado* (2017), Camus fala da revolta como resistência ao absurdo. Assim aborda o destino de Sísifo que, apropriando-se da sua condição, reafirma a vida, mesmo que diante do fardo de carregar a gigantesca pedra até o cume da montanha e ela rolar para baixo, retornando ao seu estado inicial. Diz Camus (2020, p. 141):

> Deixo Sísifo na base da montanha! As pessoas sempre reencontram seu fardo. Mas Sísifo ensina a felicidade superior que nega os deuses e ergue as rochas.
> Também ele acha que está tudo bem. Este universo, doravante sem dono, não lhe parece estéril nem fútil. Cada grão dessa pedra, cada fragmento mineral dessa montanha cheia de noite forma por si só um mundo.

> A própria luta para chegar ao cume basta para
> encher o coração de um homem. É preciso imaginar
> Sísifo feliz.

Camus, vê em Sísifo a lucidez de ter consciência dessa condição humana, não se furtando dela, nem se alienando de "si-mesmo", mas propõe que o homem revoltado resista ao absurdo. Camus declara insanos outros modos de suicídio, como o suicídio político, fomentador das grandes utopias e ilusões que poderiam afastar o homem do absurdo e da própria angústia.

Outro suicídio que Camus observa é o suicídio filosófico, endereçando críticas ao filósofo dinamarquês Søren Kierkegaard (1813-1855), existencialista cristão que também dá relevo ao absurdo e ao desespero humano nas suas obras, propondo a aceitação dessas condições, reafirmando a possibilidade da crença e da fé. Camus entende que tal solução para o desespero humano seja um refúgio, um apego à existência de Deus, uma ideia sujeita a muitos posicionamentos e não "veracizada" por muitos, ainda mais num mundo secularizado. Nesse sentido, o escritor deseja afirmar a vida "cravando as unhas no abismo do nada", assumindo essa condição e resistindo a ela sem utopias ou crenças religiosas.

Kierkegaard (2010), como cristão, assume a dimensão de uma consciência de eternidade e de uma relação com Deus. Podemos dizer que ele foi um apóstolo de Paulo, o evangelista, que deixou um testemunho vivo do "cristianismo primitivo" em suas cartas ou epístolas paulinas, as quais Kierkegaard estudou e se dedicou a elas. Nesse sentido, é preciso se ater à noção de fé ou a do salto na fé, numa outra perspectiva, que Camus não tenha contemplado.

Retornando às críticas de Camus endereçadas a Kierkegaard, devemos observar que a concepção de fé, para o filósofo, é consonante à concepção de fé apresentadas pelas cartas de Paulo aos Gálatas.[7]

Creio que devemos firmar o entendimento da fé em Paulo, o apóstolo, o que nos aproxima da compreensão de Kierkegaard (2010) sobre a fé. No salto da fé, salta-se para aquilo que não nos oferece garantia; portanto a fé só tem sentido como movimento em direção àquilo que não pode ser controlado, para aquilo que não oferece garantias. "Saltamos na angústia e não da angústia" (Holzhey-Kunz, 2018, p. 18). Saltar da angústia é fuga do ser-aí – um modo de não se pôr em jogo, de não se arriscar. Saltar na angústia é o salto que reafirma a vida na tensão originária entre ser e não ser.

Paulo, o apóstolo, viveu o conflito entre a fé e a lei mosaica: "Esse conflito foi determinante para a compreensão das demais epístolas, pois é nele que se apresenta a tensão que caracteriza a experiência de vida fáctica cristã" (Evangelista, 2008, pp. 67-8). Enquanto a Lei Mosaica oferecia acolhimento, assim como os rituais de sacrifício, entre outros que procuram absolver os fiéis dos seus infortúnios, a ruptura com a Lei Mosaica trouxe liberdade e cuidado para com o existir. Nesse sentido, a fé é entendida como uma experiência que não traz conforto nem consolo. "Pelo contrário, a fé cristã é tensão. É risco constante de apostasia. Ela opera uma transformação no modo como as relações com as significâncias

---

7   Gálata (em turco *Galatas*) localiza-se em Istambul, na Turquia, na margem norte do Corno de Ouro, separada da península histórica da antiga Constantinopla. Paulo escreveu cartas aos gálatas e aos tessalonicenses, que viviam na cidade portuária grega em Tessalônica, localizada no golfo de Termaico, no mar Egeu.

mundanas se dão" (Evangelista, 2008, p. 78). Holzhey-Kunz nos elucida a respeito desse salto na sua conferência de 2018, p. 18:

> Angústia e salto se pertencem de modo inseparável para Kierkegaard. Porém, não se deve compreender com isso que nós saltamos, porque nós estamos angustiados e, com isso, nos livramos da angústia. Muito pelo contrário, nós consumamos o salto na angústia. Na angústia nós experimentamos, como se diz, saltar o salto. Por um lado, a angústia nos torna atentos para o fato de que todo querer-efetivar esconde em si perigos inevitáveis; por outro lado, experimentamos na angústia o fato de que saltamos, porque saltamos, portanto, sem motivo (Grund). Essa experiência é observada no salto na água. Quando subimos na plataforma de salto ou então quando apenas ficamos na borda da água, não há motivo por que saltar agora, ou apenas mais tarde, ou não saltarmos.
> Ou o fazemos, ou não fazemos, ou saltamos na água ou ficamos no seco. Quando nos atualizamos essa experiência, fica então claro para nós o que fazemos no momento em que saltamos: dizemos sim ao salto.
> Mas dizer sim ao salto quer dizer empoderar-se a si mesmo para saltar. Autoempoderamento quer dizer, enfim: dar-se a si mesmo o direito de fazê-lo. Isto angustia, pois se sabe que a pergunta "É-me permitido fazê-lo?", "De onde eu tiro esse direito?", permanece sem resposta.
> (Holzhey-Kunz, 2018, p. 59)

Entendo que essas breves considerações sobre a fé cristã e o âmbito da compreensão de Kierkegaard (2010) não cometem o suicídio filosófico que Camus interpretou, mas abrem espaço significativo para uma compreensão unificadora do filósofo cristão precursor do existencialismo e o existencialista ateu, Camus.

CONSIDERAÇÕES FINAIS

Farinha Beirão (1992, p. 77), em seu artigo, observou que:

> Do ponto de vista ôntico, o suicídio está aí e não há como questioná-lo, não há como julgá-lo porque as decisões sobre o vivido não são lógicas, e a decisão pessoal, em qualquer momento da nossa vida, embora aparentemente se resolva num sim ou num não, esconde conflitos irresolvíveis, ambiguidades insondáveis, perguntas jamais formalizadas, perguntas que nem sequer procuram resposta, mas que rondam sobre si mesmas em espiral infindável.

A autora entende o suicídio como possibilidade de uma escolha pessoal. À pergunta: "Por que alguém se suicida?", ela responde: "[...] é a maneira mais imprópria de irmos ao encontro dessa questão [...]. Por que alguém se mata? Alguém, *o outro*? Estamos perguntando sobre algo alheio e a resposta, no mesmo contexto, será também alheia" (Farinha Beirão, 1992, p. 78). O que nos resta em relação à pessoa que se mata é saber o sentido dessa escolha. Quando há um depoimento deixado pela pessoa, um testemunho vivo, assim mesmo, o sentido dessa escolha pode se manter velado, para nós e para a pessoa que se suicidou.

Ficamos impotentes diante dessa escolha, sem que haja um depoimento, sem que haja uma possível clarividência do sentido dessa escolha, como ficou patente na carta de despedida de Stefan Zweig (1942). Temos, muitas vezes, apenas indicativos de sentidos (aparências) que talvez possam nos elucidar sobre a proveniência dessa escolha, com muitas ressalvas. No entanto, para além da possibilidade de acessarmos o sentido que levou uma pessoa a realizar a escolha pelo suicídio, é de fundamental importância que, diante do aparecimento dessa intenção na relação terapeuta-paciente, o terapeuta possa enfrentar com serenidade tal questão, o que não é fácil, pois frequentemente nossas disposições afetivas nos dispõem ao medo e à angústia diante dessa possibilidade. Creio ser de fundamental importância que o assunto seja abordado, dialogado e inquerido sem receios e que esse diálogo se dê, ancorado numa autocompreensão fundada na reflexão, e não numa atuação do *acting out*, ou seja, na atuação de desejos, sem a devida elaboração. Na análise (psicoterapia), é preciso oportunizar condições para que esse assunto possa ser pensado, refletido. Somente num diálogo aberto poderemos oportunizar condições para uma decisão autêntica.

Na opção pela eutanásia, mais especificamente no suicídio assistido, o diálogo com o outro deve acontecer com a devida profundidade e sem preconceitos por parte daqueles que acompanham as pessoas nessa condição. Saber se a vida vale a pena, nas circunstâncias em que está se apresentando, é fundamental para que seja pensada, refletida e avaliada. Sabemos que não é nada fácil essa decisão, mas ela pode ser acompanhada, testemunhada e compartilhada na sua angústia e na certeza do apaziguamento de um sofrimento que torna a vida muitas vezes indigna.

Muitas questões relativas ao suicídio não foram aqui abordadas, por exemplo: se uma pessoa está ou não cônscia para tomar tal decisão; os atos impulsivos, as ideações suicidas em certas condições existenciais; o uso abusivo de drogas psicoativas; e, até mesmo, o uso de medicação sem o devido acompanhamento clínico, entre outras condições. Como referiu Farinha Beirão (1992, p. 77), o sim ou o não para o suicídio "[...] esconde conflitos irresolvíveis, ambiguidades insondáveis, perguntas jamais formalizadas, perguntas que nem sequer procuram resposta, mas que rondam sobre si mesmas em espiral infindável".

REFERÊNCIAS BIBLIOGRÁFICAS

CAMUS, A. *O estrangeiro*. Tradução de Valerie Rumjanek. Rio de Janeiro: Record, 1979. Edição original de 1942.

CAMUS, A. *O homem revoltado*. Tradução de Valerie Rumjanek. Rio de Janeiro: Record, 2017. Edição original de 1951.

CAMUS, A. *O mito de Sísifo*. Tradução de Ari Roitman e Paulina Watch. 19. ed. Rio de Janeiro: Record, 2020. Edição original de 1942.

DIAS, L. F. Sentido, significado e significação. Glossário Ceale. Faculdade de Educação. Universidade Federal de Minas Gerais, 2017. Disponível em: https://www.ceale.fae.ufmg.br/glossarioceale/verbetes/sentido-significado-e-significacao.

EVANGELISTA, P.E.R.A. *Heidegger e a fenomenologia como explicitação da vida fáctica*. Dissertação (Mestrado em Filosofia). Faculdade de Ciência Humanas e da Saúde. Pontifícia Universidade Católica de São Paulo. São Paulo, 2008.

FARINHA BEIRÃO, M.F.S. Existência: um lugar de sentido ou experiência do absurdo. *Vida, Morte e Destino*. Centro de Estudos Fenomenológicos de São Paulo. São Paulo: Cia Limitada, 1972, pp. 73-82.

HEIDEGGER, M. *Ser e tempo*. Tradução de Márcia de Cavalcante Schuback. Petrópolis: Vozes, 2009. Edição original de 1927.

HOLZHEY-KUNZ, A. O sofrimento da negatividade do querer. Tradução de Marco Antônio Casanova. Congresso Internacional de Daseinsanalyse. Rio Janeiro: Universidade Sta. Ursula, 2018.

INWOOD, M. *Dicionário Heidegger*. Tradução de Luíza Buarque de Holanda. Rio de Janeiro: Jorge Zahar Editor, 2002.

JAPIASSÚ, H.; MARCONDES, D. *Dicionário básico de filosofia*. Rio de Janeiro: Jorge Zahar Editor, 1996.

KIERKEGAARD, S. *O conceito de angústia*. Petrópolis: Vozes, 2010.

LISBOA, K. M. Entre o passado europeu e o futuro americano: dois ensaios sobre o Brasil na década de 30. Departamento de História da Faculdade de Filosofia, Letras e Ciências Humanas da Universidade de São Paulo. São Paulo, v. 21, n. 1, jan/março 2014.

MARCHAND, Y. *A barata de Martin Heidegger*. Ilustrado por Matthias Arégui. Tradução de André Telles. São Paulo: Martins Fontes, 2014.

MICHELAZZO, J. C. Daseinsanalyse e "Doença do Mundo". *Revista Daseinsanalyse*, n. 10. São Paulo: ABD, pp. 47-71, 2001.

MICHELAZZO, J. C. *Do um como princípio ao dois como unidade*: Heidegger e a reconstrução ontológica do real. São Paulo: Annablume, 1999.

PESSANHA, J. G. Ser e tempo: uma pedagogia da perfuração. *Revista Cult 44 – Revista Brasileira de Literatura*. São Paulo: Editorial Lemos, 2001.

NORMAS DE PUBLICAÇÃO

1. A revista *Daseinsanalyse* publica artigos que contribuem para o desenvolvimento do pensamento fenomenológico-existencial nos campos da psicologia, psicoterapia, psicopatologia e filosofia.

2. Os artigos enviados serão apreciados pelo conselho editorial, que se reserva o direito de sugerir pequenas modificações. Os autores serão notificados da aceitação ou recusa de seus trabalhos.

3. Na organização do artigo, além do argumento central, que ocupará o núcleo do trabalho, este deve ser completado com os seguintes itens:

- » *Título completo;*
- » *Autor: nome completo;*
- » *Resumo em português (não ultrapassando 300 caracteres);*
- » *Resumo em inglês (em tamanho equivalente);*
- » *Referências bibliográficas;*
- » *Até cinco palavras-chave.*

4. O manuscrito original, em arquivo Word, deve ser encaminhado por e-mail para abd@daseinsanalyse.org.br. O texto deverá ser escrito em espaço 1,5, corpo 12 (tamanho da letra) e fonte Times New Roman.

5. O trabalho citado é identificado pelo sobrenome do autor e, se possível, a data original de publicação. No caso de citação literal ou de passagem mais específica, deve-se incluir a numeração das páginas entre parênteses. Nas referências bibliográficas deve aparecer a referência completa.

6. No caso de livros, os títulos devem aparecer em negrito. Em seguida, informar a editora, a cidade e a data.

7. No caso de revistas e periódicos, indicar o título do artigo, o nome da revista, o número, o ano e a cidade.

INFORMAÇÕES

Daseinsanalyse é uma revista publicada pela Associação Brasileira de Daseinsanalyse de São Paulo.

———

É proibida a reprodução total ou parcial destes textos.

FONTE Chaparral Pro, Skolar Sans
PAPEL Pólen Natural 80 g/m²
IMPRESSÃO Meta